Frases en Inglés PARA DUMMIES®

por Gail Brenner

Wiley Publishing, Inc.

Frases en Inglés Para Dummies®

Published by
Wiley Publishing, Inc.
111 River St.
Hoboken, NJ 07030-5774
www.wiley.com

Acerca de la Autora

Gail Brenner habla inglés desde 1951, cuando dijo su primera oración, "Bebé, dice adiós, adiós". A partir de ese momento mejoró rápidamente, y a los 6 años, ya enseñaba su primera clase de inglés a un atento público formado por muñecas.

Tiempo después, cuando estuvo frente a un grupo real (e infinitamente más activo) de estudiantes, supo que había encontrado su vocación. Durante los últimos 15 años, Gail ha enseñado inglés como segundo idioma (ESL), ha preparado estudiantes para la prueba TOEFL, ha enseñado pronunciación, redacción académica y una cantidad de cursos más a gente maravillosa de todas partes del mundo. Actualmente da clases en su alma mater, La Universidad de California en Santa Cruz (UCSC) en donde obtuvo la licenciatura en literatura inglesa y docencia.

Reconocimientos del Editor

Nos sentimos muy orgullosos de este libro; por favor mándenos sus comentarios mediante la forma de registro en línea Dummies localizada en www.dummies.com/register/.

Algunas de las personas que contribuyeron para sacar a la venta este libro son:

Adquisiciones, Edición y Desarrollo de Medios

Compilación:
Laura Peterson-Nussbaum

Edición de Proyecto:
Elizabeth Kuball

Edición de Adquisiciones:
Stacy Kennedy

Traducción:
Grissel de la Torre

Edición Técnica:
Diane de Avalle-Arce

Coordinación Editorial:
Michelle Hacker

Edición de Supervisión Editorial de Consumo y Reimpresión:
Carmen Krikorian

Asistentes de Edición:
Erin Calligan, David Lutton

Caricaturas: Rich Tennant
(www.the5thwave.com)

Servicios de Composición

Coordinación de Proyecto:
Kristie Rees

Diseño y Gráficas:
Stephanie D. Jumper, Laura Pence, Erin Zeltner

Corrección de Estilo:
Amy Adrian, Laura Albert, Jessica Kramer, Susan Moritz

Índices: Kevin Broccoli

Wiley Logo Bicentenario:
Richard J. Pacifico

Publicación y Edición de Consumer Dummies

Diane Graves Steele, Vicepresidenta y Editora, Consumer Dummies

Joyce Pepple, Directora de Adquisiciones, Consumer Dummies

Kristin A. Cocks, Directora de Desarrollo de Producto, Consumer Dummies

Michael Spring, Vicepresidente y Editor, Travel

Kelly Regan, Directora Editorial, Travel

Edición para Tecnología Dummies

Andy Cummings, Vicepresidente y Editor, Tecnología Dummies/Usuario General

Servicios de Composición

Gerry Fahey, Vicepresidente de Servicios de Producción

Debbie Stailey, Directora de Servicios de Composición

Tabla de Materias

· ·

The 5th Wave

By Rich Tennant

"¡Rápido! ¿Cómo te disculpas con un oso enorme
que reparte boletos de circo en un monociclo?"

Introducción

• •

Conocer las bases de un idioma es como dejar entrar a la aventura y a la oportunidad. Y hoy en día, saber comunicarse en inglés, aunque sea de manera básica, es muy útil, si no es que esencial.

Cada año, el número de angloparlantes aumenta a pasos agigantados. Actualmente, una de cada seis personas habla inglés, y el inglés es el idioma más hablado en todo el mundo por personas cuyo origen no es un país de habla inglesa.

Más aún, el inglés se usa en la mayoría de las llamadas internacionales, correspondencia, correos electrónicos, radiocomunicaciones, textos de computación y comunicaciones de control de tráfico aéreo. Y es, por lo general, el idioma común utilizado en situaciones de negocios y educación. Por eso, sin un conocimiento básico del inglés, puede quedarse, diríamos, sin habla.

Hablar inglés no es como tener una varita mágica; es sólo una "herramienta" que puede ayudarle a *comunicarse*. Imagine que cada nueva habilidad o frase que descubra es una herramienta que puede guardar en su "caja de herramientas" de inglés. Cuando necesite una, abra su caja y seleccione la que necesite para ese trabajo en particular, como hablar del pasado, hacer una pregunta, decir lo que le gusta y lo que no le gusta, y una infinidad de cosas más.

Y recuerde, en las interacciones de la vida diaria, por lo general puede expresarse con un número mínimo de palabras y enunciados de estructura básica. ¡Así que adelante, dé el salto!

Acerca de Este Libro

¿Cuál es el beneficio de leer *Frases en Inglés Para Dummies?* ¿Puede imaginarse viajando, viviendo o trabajando en un país de habla inglesa y comunicarse sin ningún problema con las personas de ese lugar? ¿Hablar inglés representa para usted una meta de tiempo atrás, un pasatiempo interesante o un requisito de trabajo?

Cualquiera que sea la razón para aprender a hablar inglés, *Frases en Inglés Para Dummies* lo puede ayudar a comenzar. No le prometo que hablará como un nativo al terminar el libro, pero podrá conocer y saludar a las personas, hacer preguntas simples, usar el teléfono, ordenar en restaurantes, comprar en tiendas y almacenes, desenvolverse en caso de una emergencia, invitar a alguien a salir, y ¡mucho más!

Éste no es uno de esos libros aburridos en los que tiene que absorber página tras página, ni tampoco una clase de un semestre a la que tiene que obligarse a ir dos veces a la semana. *Frases en Inglés Para Dummies* representa una experiencia diferente. Usted decide su propio ritmo, puede leer tanto como desee, o simplemente hojearlo y detenerse en las secciones que llamen su atención.

Nota: Si esta es su primera experiencia con el inglés, le conviene comenzar con los Capítulos 1 y 2 para conocer las bases, como gramática sencilla y pronunciación, antes de continuar con otras secciones. Pero usted manda y es quien decide.

Convenciones Usadas en Este Libro

Para hacer más fácil el uso este libro, establecí unas cuantas reglas:

✔ Las **Negritas** se usan para identificar fácilmente las palabras en inglés. Las palabras en
negritas están seguidas por pronunciaciones y
traducciones.

✔ Las *Itálicas* se usan a continuación de las palabras en negritas para mostrar la pronunciación.

No olvide que como un idioma puede expresar la
misma idea o concepto de manera diferente, la traducción del término en inglés puede no ser literal.
Algunas veces se quiere saber la esencia de lo que se
dice, más que el significado puro de las palabras.

Suposiciones Tontas

Para escribir este libro tuve que hacer algunas
suposiciones básicas sobre quién es usted, y lo que
quiere obtener de un libro que se llama *Frases en
Inglés Para Dummies*. A continuación están algunas de
mis suposiciones:

✔ No sabe nada de inglés, o cursó inglés en la
escuela, pero ha olvidado casi todo. O, sabe
mucho inglés pero le encanta leer libros de la
serie *Para Dummies*.

✔ No quiere pasar horas en un salón de clases;
quiere aprender inglés a su propio ritmo.

✔ Quiere un libro corto y ameno que le enseñe
gramática básica y muchas frases útiles.

✔ No busca tener una fluidez inmediata, pero
quiere poder usar ya algunos términos y
expresiones en inglés.

✔ El título *Frases en Inglés Para Dummies* atrajo su
curiosidad.

Si una de estas suposiciones es correcta, ¡ha encontrado el libro indicado!

Iconos Usados en Este Libro

En este libro va a encontrar iconos (pequeños dibujos) en los márgenes izquierdos. Estos iconos señalan, de manera rápida, información importante o enriquecedora. Esto es lo que significan.

Este icono señala consejos que ayudan a que hablar en inglés sea un poco más fácil.

Este icono sirve como recordatorio para que no olvide información importante, es como un moñito amarrado a su dedo.

Este icono identifica algunas peculiaridades y rasgos de la gramática.

Si buscas información cultural, este icono muestra datos interesantes sobre países en donde se habla inglés (principalmente de los Estados Unidos).

Cómo Comenzar

No tiene que leer este libro de principio a fin; utilice el método que más le guste. Si prefiere seguir el camino más directo, comience con el Capítulo 1, pero si prefiere hojearlo y escoger lo que llame su atención, ¡no se detenga! ¿No sabe dónde comenzar? Lleve *Frases en Inglés Para Dummies* con usted y úselo para iniciar conversaciones. Alguien le va a preguntar algo acerca del libro, ¡y va a estar hablando en inglés antes de lo que pensaba! Cualquiera que sea el método que use, le aseguro que va a disfrutar este libro y va a descubrir mucho inglés en el camino.

Capítulo 1

Hablando en Inglés Americano

. . . .

En Este Capítulo

▶ Pronunciación de las 26 letras del alfabeto

▶ Dominio de algunos sonidos difíciles de consonantes

▶ Práctica de los 15 (aprox.) sonidos de vocales

▶ Descubrimiento de la música y el ritmo del inglés norteamericano

. . . .

*T*ener una buena pronunciación es la clave para evitar males entendidos, satisfacer las necesidades y simplemente disfrutar de una buena conversación. Dominar la pronunciación del inglés se lleva tiempo, así que sea paciente, persevere y no tenga miedo de reírse de sí mismo cuando cometa un error.

Este capítulo presenta una guía básica para una pronunciación correcta de los numerosos sonidos de vocales y consonantes, y muestra cuándo y dónde colocar el acento en varias palabras.

A Practicar el ABC

Un buen lugar para comenzar a practicar la pronunciación en inglés es recitando las **ABCs** (ei-bi-cis; ABC). La siguiente lista muestra las 26 **letters** (*le*-ters; letras) del **alphabet** (*al*-fa-bet; alfabeto) junto con la pronunciación de cada letra.

a (ei)	**b** (bi)	**c** (ci)	**d** (di)
e (i)	**f** (ef)	**g** (lli)	**h** (eich)
i (ai)	**j** (llei)	**k** (kei)	**l** (el)
m (em)	**n** (en)	**o** (o)	**p** (pi)
q (kiu)	**r** (ar)	**s** (es)	**t** (ti)
u (iu)	**v** (vi)	**w** (do-bul-iu)	**x** (ex)
y (uai)	**z** (zi)		

Aunque el inglés sólo tiene 26 letras, ¡tiene aproximadamente 44 sonidos diferentes! (Pero hay variaciones en los sonidos dependiendo de los acentos de cada región.) ¡Algunas letras tienen más de un sonido, y algunas vocales pueden tener varios sonidos! Así es que puede ser difícil deducir cómo se pronuncian nuevas palabras. (¡Y no es práctico memorizar todo el diccionario en inglés!)

Las siguientes secciones le proporcionan algunos consejos prácticos y reglas para dominar los sonidos del inglés. (No cubro los 44 sonidos pero sí identifico algunos de los que pueden causar problemas.)

Para lograr una pronunciación en inglés clara y precisa, debe *abrir* la **mouth** (maud; boca) y *soltar* los **lips** (lips; labios), la **jaw** (lla; quijada), y la **tongue** (tong; lengua). No sea tímido. ¡Véase en el espejo mientras practica y asegúrese de mover y estirar la boca para que los sonidos salgan claros y fuertes!

Pronunciación de las Consonantes

Las **consonants** (can-so-nants; consonantes) en inglés pueden parecerse a las consonantes en su idioma — si se trata de un idioma con raíces latinas o germánicas — pero no suenan igual. Es más, en inglés, la consonante y también puede funcionar como una vocal cuando aparece en palabras que no tienen otras vocales, como **by** (bai; por) o **try** (trai; tratar).

Pronunciar de manera clara los sonidos de las consonantes en inglés no es magia; es un proceso mecánico. Si coloca los labios y la lengua en la posición correcta y mueve la boca de una manera específica, el sonido correcto saldrá (por lo general) ¡como por arte de magia!

Dos tipos de sonidos consonantes: Sonoros y sordos

La mayoría de los sonidos consonantes en inglés son **voiced** (voist; sonoros), lo que significa que debe usar la voz y colocar la boca de manera correcta para pronunciarlos. Algunos sonidos consonantes son **voiceless** (*vois*-les; sordos), lo que significa que no se utiliza la voz para pronunciarlos; el sonido que sale se asemeja a un suspiro.

Cada consonante sorda tiene una *pareja sonora* (una consonante que se forma exactamente de la misma manera en la boca que la sorda, pero a la que se suma la voz). Por ejemplo, haga el sonido sordo **p** juntando los labios y empujando aire hacia fuera al producir el sonido. Debe sonar como un soplo pequeño y suave — un murmullo. Para producir su pareja sonora, el sonido **b**, coloque los labios en exactamente la misma posición que para el sonido **p** y empuje el aire hacia fuera, pero esta vez, use la voz al decirlo. El sonido debe provenir del fondo de la garganta.

Estas son algunas parejas sordas y sonoras:

Voiceless	Voiced
f (f)	**v** (v)
k (k)	**g** (g fuerte)
p (p)	**b** (b)

(continúa)

(continúa)	
Voiceless	*Voiced*
s (s)	**z** (z como una abeja)
t (t)	**d** (d)
sh (ch como arrullando a un bebé)	**ch** (ch)
th (z como la española)	**th** (d como en "hada")

En las siguientes secciones, doy más detalles sobre la pronunciación de sonidos sordos y sonoros, junto con algunos consejos para distinguir la **b** de la **v**, la **p** de la **f**, y la **l** de la **r**.

La problemática th

¿Tiene problemas para pronunciar la consonante **th**? Esta consonante abunda en inglés. ¡De hecho, le sorprendería saber que en inglés hay no uno, sino dos sonidos **th**! Por ejemplo:

✔ El sonido **voiced th** en las palabras **those** (dous; esos), **other** (*a*-der; otro), y **breathe** (brid; respirar) es profundo y utiliza la voz.

✔ El sonido **voiceless th** en **thanks** (zanks; gracias), **something** (*som*-ding; algo), y **bath** (baz; baño) es suave como un suspiro.

Cuando trata de decir la palabra **that** (dat; eso), ¿suena como **dat** (tat) o como **zat** (zat)? Y cuando intenta decir la palabra **think** (zink; pensar), ¿suena como **tink** (tink) o **sink** (sink)? Si es así, no está solo. El problema es que está dejando la lengua dentro de la boca, detrás de los dientes frontales. Debe de sacar un poco la lengua para producir el sonido **th**. O coloque la punta de la lengua entre los dientes (¡pero no muerda!), y métala al hacer el sonido **th**.

Intente pronunciar estas palabras con el sonido **voiced th** profundo al principio:

- ✔ **there** (der; ahí)
- ✔ **these** (_di_-is; estos)
- ✔ **they** (dei; ellos)
- ✔ **this** (dis; esto)
- ✔ **those** (dous; esos)

Ahora practique estas palabras con el sonido **voice-less th** suave al principio:

- ✔ **thank you** (zank iu; gracias)
- ✔ **thing** (zing; cosa)
- ✔ **think** (zink; pensar)
- ✔ **thirty-three** (_zir_-ti zri; treinta y tres)
- ✔ **Thursday** (_zurs_-dei; jueves)

B versus V

En inglés los sonidos **b** y **v** son tan diferentes como la noche y el día. Los labios y la lengua hacen cosas completamente diferentes para producir estos dos sonidos. Es importante deducir cómo pronunciarlos correctamente — puede que se sienta un poco apenado si dice **I want to bite you** (ai uant tu bait iu; Quiero morderte) cuando quería decir **I want to invite you** (ai uant tu in-_vait_ iu; Quiero invitarte).

Esta es una manera fácil para hacer que la **b** y la **v** suenen diferentes:

- ✔ Para la **b,** comience con los labios juntos y ábralos ligeramente al sacar aire y decir el sonido. Asegúrese de usar la voz; de otra manera dirá **p.**
- ✔ Para decir la **v,** coloque ligeramente los dientes frontales en o sobre el labio inferior (pero no permita que se toquen los labios). Ahora diga el sonido. Use la voz; si no dirá **f.**

> Véase en un espejo mientras practica estos dos sonidos para asegurarse que la boca está "cooperando."

Intente pronunciar estas palabras con **b** y **v:**

- ✔ **berry/very** (*be*-ri; baya/*ve*-ri; mucho)
- ✔ **best/vest** (best; superior/vest; chaleco)
- ✔ **bite/invite** (bait; morder/in-*vait;* invitar)
- ✔ **boat/vote** (bout; bote/vout; voto)

Intente pronunciar estas palabras y frases, haciendo una clara distinción entre **b** y **v:**

- ✔ **I have a bad habit.** (ai jav ei bad *ja*-bit; Tengo un mal hábito)
- ✔ **Beverly is the very best driver.** (*be*-vr-li is da ve-ri best *drai*-ver; Beverly es la mejor conductora)
- ✔ **Valerie voted for Victor.** (*val*-e-ri *vo*-ted for *Vic*-tor; Valerie votó por Victor)
- ✔ **Everybody loves November.** (*ev*-ri-ba-di lovs no-*vem*-ber; A todo el mundo le gusta noviembre)

El sonido **p** en inglés es la versión **voiceless** (o suave) de **b;** el sonido **f** es una **v** sorda. Forme **p** y **f** de la misma manera que forma **b** y **v,** pero sin usar la voz.

L versus R

¿Tiene problemas para escuchar la diferencia entre **l** y **r?** ¿Algunas veces dice **alive** (a-*laiv*; vivo) cuando quiere decir **arrive** (a-*raiv*; llegar), o dice **grass** (gras; pasto) cuando quiere decir **glass** (glas; vidrio)?

La **l** y la **r** son sonidos muy diferentes en inglés, y la boca debe funcionar de manera distinta para producir cada sonido. Aunque el español tiene las letras **l** y **r,** son ligeramente diferentes que la **l** y **r** en inglés.

En inglés se pronuncian igual la doble l (o **ll**) y la doble **r** (o **rr**) que la **l** y **r** sencillas.

Así se forma un sonido claro de **l**:

1. **Coloque la punta de la lengua en el paladar detrás de los dientes frontales.**

2. **Suelte la quijada un poco y relaje los labios.**

3. **Ahora véase en un espejo. ¿Puede ver la parte inferior de la lengua? Si sí, que bien. Si no, baje la quijada un poco más.**

4. **Mueva rápido y ligeramente la lengua hacia abajo al decir el sonido.**

Trate de pronunciar estas palabras como práctica:

- ✔ **alive** (*a*-laiv; vivo)
- ✔ **glass** (glas; vidrio)
- ✔ **like** (laik; semejante)
- ✔ **telephone** (*te*-le-fon; teléfono)

Cuando el sonido **l** esté al final de una palabra, mantenga la lengua arriba y detrás de los dientes frontales por unos momentos más. Intente pronunciar estas palabras con el sonido final **l**:

- ✔ **little** (*li*-tel; pequeño)
- ✔ **sell** (sel; vender)
- ✔ **table** (*tei*-bul; mesa)
- ✔ **thankful** (*zank*-ful; agradecido)

Es un poco difícil producir el sonido de **r** porque requiere el control de la lengua. Así es cómo se hace:

1. **Imagine que va a sorber líquido de un vaso; saque los labios y redondéelos un poco.**

2. **Enrolle ligeramente la punta de la lengua dentro de la boca.**

3. **No deje que la punta de la lengua toque el paladar.**

Practique diciendo estas palabras:

- ✔ **around** (*a*-raund; alrededor)
- ✔ **car** (car; automóvil)
- ✔ **read** (*ri*-id; leer)
- ✔ **write** (rait; escribir)

Ahora intente decir algunas palabras que incluyen **l** y **r**:

- ✔ **real** (*ri*-al; real)
- ✔ **recently** (*ri*-cent-li; recientemente)
- ✔ **relax** (ri-*lax*; relajarse)
- ✔ **rock-'n-roll** (rok-and-rol; rock-and-roll)

Cómo Decir "Ah" y Otras Vocales

Existen seis vocales en inglés — **a, e, i, o, u,** y algunas veces **y** — ¡pero hay cerca de 15 sonidos vocales! Desgraciadamente el inglés tiene pocas reglas confiables de ortografía que muestran cómo pronunciar las vocales y sus combinaciones cuando aparecen en las palabras. Sin embargo, con un poco de práctica, se pueden aprender a formar rápidamente todos los diferentes sonidos.

El ancho y el largo de las vocales

Los sonidos vocales en ingles están divididos aproximadamente en tres categorías: **short vowels** (short vauls; vocales cortas), **long vowels** (long vauls; vocales largas), y **diphthongs** (*dip*-zongs; diptongos). A continuación se explican las diferencias generales entre las tres:

- ✔ Vocales cortas: Más cortas y por lo general más suaves que otras vocales. Un patrón ortográfico común para vocales cortas es consonante + vocal + consonante. Estos son algunos ejemplos:

can (can; lata); **fun** (fon; divertido); **spell** (spel; deletrear); **with** (wiz; con).

✔ Vocales largas: Su pronunciación es más larga y por lo general son un poco más fuertes y con un tono más alto que el de otras vocales. Un patrón común para vocales largas es vocal + consonante + -e final, como se muestra en estas palabras: **chute** (chut; canaleja); **late** (leit; tarde); **scene** (*si*-in; escena); **vote** (vout; voto).

✔ Diptongos: Son dos vocales que se pronuncian como una sola sílaba. Cuando se pronuncian diptongos en inglés, se comienza con el primer sonido y luego se dice el segundo. Enfatice más el primero pero asegúrese de decir el segundo. Practique con estos ejemplos: **boy** (boi; niño); **now** (nau; ahora); **say** (sei; decir); **time** (taim; tiempo).

La vocal a

En varios idiomas, la letra **a** se pronuncia *ah* como en **father** (*fa*-der; padre). Sin embargo, en inglés, la **a** pocas veces tiene el sonido *ah*. Observe las siguientes explicaciones:

✔ El sonido de **a** larga — como el que aparece en las palabras **ate** (eit; comió), **came** (keim; vino), y **day** (dei; día) — es un **diphthong** (dip-zong; diptongo). Para pronunciar la **a** larga, comience con el sonido **eh** y termine con el sonido **ee,** uniéndolos suavemente.

✔ El sonido de **a** corta — como en **at** (at; en), **hand** (jand; mano), y **glass** (glas; vidrio) — se logra abriendo la boca como si fuera a decir **ah**, pero jalando los labios como en una sonrisa (o mueca) mientras se dice el sonido.

✔ Otro sonido **a** que se pronuncia **aw**, se asemeja al sonido de la **o** corta de **ah,** en especial en algunas regiones. Para diferenciar **aw** de **ah,** posicione los labios para decir **oh,** pero baje la mandíbula. El sonido **aw** se escribe comúnmente **–aw, –alk, –ought,** and **–aught.**

La vocal e

El sonido de e larga tiene generalmente la siguiente ortografía: **be** (bi; ser), **eat** (*i*-it; comer), **see** (*si*-i; ver), y **seat** (*si*-it; asiento). Este sonido se logra haciendo una especie de sonrisa y jalando los labios hacia atrás. Alargue el sonido, no lo corte. Otras formas de representar el sonido de e larga son **ie** y **ei,** como en **believe** (bi-li-iv; creer) y **receive** (ri-ci-iv; recibir).

El sonido de e corta, como en **ten** (ten; diez), **sell** (sel; vender), y **address** (a-dres; dirección), se hace abriendo un poco la boca y jalando los labios hacia atrás para formar una ligera sonrisa. La e corta se representa por lo general con las letras **ea,** como en **head** (jed; cabeza), **bread** (bred; pan), y **ready** (redi; listo).

Practique la pronunciación de la e larga y corta con las siguientes oraciones:

- ✔ E larga: **We see three green trees.** (ui si zri *gri*-in *tri*-is; Vemos tres árboles verdes)

- ✔ E corta: **Jenny went to sell ten red hens.** (*je*-ni uent tu sel ten red jens; Jenny fue a vender diez gallinas rojas)

- ✔ Ambos sonidos: **Please send these letters.** (*pli*-is send di-is *le*-ters; Envía estas cartas por favor)

La vocal i

La i larga es un diptongo. Para hacer este sonido, comience diciendo **ah** y termine con **ee,** uniendo los sonidos suavemente, como en **time** (taim; tiempo), **like** (laik; gustar), y **arrive** (a-*raiv*; llegar). Puede encontrar otras formas de escribir este sonido en palabras como **height** (jait; altura), **fly** (flai; volar), **buy** (bai; comprar), **lie** (lai; mentir), y **eye** (ai; ojo).

El sonido de la i corta — como en **it** (it; ello), **his** (jis; suyo), **this** (dis; esto), **bill** (bil; billete), y **sister** (*sis*-ter; hermana) — se forma relajando los labios, abriendo un poco la boca, y manteniendo la lengua abajo. (Si la lengua está muy arriba la **i** corta sonará como **ee**.)

Que no le llame la atención que lo vean raro si no hace una clara distinción entre la **i** corta (como en **it**) y la **e** larga (como en **eat**). No diga **I need to live now** (ai nid to liv nau; Necesito vivir ahora) cuando lo que quiere decir es **I need to leave now** (ai nid to *li*-iv nau; Necesito salir ahora). Y, ¡cuidado!, no vaya a decir **Give me the keys** (giv mi da *ki*-is; dame las llaves) cuando lo que quiere decir es **Give me a kiss** (giv mi ei kis; Dame un beso).

La vocal o

La letra **o** suena igual casi en todos los países del mundo, pero en inglés la **o** puede ser un poco diferente de la suya. El sonido de la **o** larga — como en **rode** (roud; montó), **joke** (llouk; broma), **phone** (foun; teléfono), y **home** (joum; hogar) — es, de hecho, un poco más largo. Cuando pronuncie una **o** larga, alárguela. Además del patrón ortográfico "**o** + consonante + **e** final" el sonido de la **o** larga tiene otras formas de representarse como **no** (nou; no), **toe** (tou; dedo del pie), **sew** (sou; coser), **know** (nou; saber), **though** (thou; aunque), y **boat** (bout; bote).

El sonido de la **o** corta, que se pronuncia **ah**, por lo general aparece entre dos consonantes, como en las palabras, **not** (not; no), **stop** (stop; alto), **lot** (lot; lote), y **dollar** (*do*-ler; dólar). Es instintivo, que al momento de ver la letra **o** se quiera pronunciar **oh**, pero recuerde que cuando está entre consonantes, **o** casi siempre suena como **ah**.

Si se unen dos sonidos de **o** (**oo**) se producen dos sonidos vocales más. Las palabras **moon** (*mu*-un;

luna), **choose** (*chu*-us; escoger), y **food** (*fu*-ud; comida) se pronuncian con el sonido de la **u** larga (ver la siguiente sección). Pero las palabras **good** (gud; bueno), **cook** (cuk; cocinero), **foot** (fut; pie), **could** (cud; podría) y **would** (u-ud; haría) tienen un sonido diferente. Para hacer este sonido, coloque los labios como si fuera a sorber de un vaso y mantenga la lengua abajo.

Pruebe con esta oración: **I would cook something good if I could** (ai *u*-ud cuk som-zing gud if ai cud; Cocinaría algo bueno si pudiera).

Don't put your foot in your mouth! (dount put iur fut in iur mouz; ¡No metas el pie a la boca!) — una expresión idiomática que se utiliza para expresar que se ha dicho algo que no debería de haberse dicho. Es fácil confundir las palabras **food** y **foot**. ¡Tenga cuidado de no decir **This foot tastes good** (dis fut tiests gud; Este pie sabe rico) o **I put my food in my shoe** (ai put mai fud in mai chu; Puse mi comida en mi zapato)!

La vocal u

En inglés el sonido de la **u** larga se prolonga. Las siguientes palabras tienen el sonido de la **u** larga: **June** (*llu*-un; junio), **blue** (*blu*-u; azul), y **use** (*iu*-us; usar). Otras formas de escribir estos sonidos son **do** (*du*-u; hacer), **you** (*iu*-u; tú), **new** (*nu*-u; nuevo), **suit** (*su*-ut; traje), **through** (*zru*-u; a través), y **shoe** (*chu*-u; zapato).

La **u** corta es el sonido vocal más común en inglés. Este sonido es tan común que incluso tiene un nombre — **schwa** (shwa). Para formar el sonido de **schwa** abra ligeramente la boca, relaje los labios y mantenga la lengua abajo. Si por el contrario abre demasiado la boca, dirá **ah**. Las siguientes palabras tienen el sonido de la **u** corta: **up** (op; arriba), **bus** (bos; camión), **much** (moch; mucho), **study** (*sto*-di; estudiar), **under** (*on*-der; debajo), y **suddenly** (*so*-den-li; de pronto).

Llevando el Ritmo

El ritmo y la música de un idioma le dan vida y personalidad. Y en gran parte son lo que hacen que el inglés suene a inglés y que el español suene a español. El ritmo del inglés lo determina el *patrón de acentuación* — el énfasis o fuerza que se da a una palabra en particular. Descubrir cómo usar el ritmo del inglés y el énfasis (o fuerza) puede mejorar en gran medida su pronunciación y hacer que se oiga más natural. Incluso cuando la pronunciación no es correcta, si conoce el ritmo del inglés, puede entender lo que se dice (y lo que alguien le quiere decir) en la mayoría de los casos. Las siguientes secciones lo introducen al ritmo del inglés y a los patrones de énfasis que mantienen el ritmo.

Marcando el compás

Es fácil llevar el ritmo del inglés. Se marca un compás sin acento seguido por uno acentuado, por ejemplo: **The <u>cats</u> will <u>eat</u> the <u>mice</u>** (da cats wel it da mais; Los gatos se comerán a los ratones). Mientras dice las siguientes oraciones, mantenga un ritmo constante golpeando el piso con el pie para cada palabra subrayada de manera que cada golpe represente a la sílaba fuerte (acentuada):

   For <u>Eng</u>-lish <u>rhy</u>-thm, <u>tap</u> your <u>feet</u>. (for *ing*-lich *ri*-dom <u>tap</u> ior *fi*-it; Para el ritmo del inglés, zapatea)

   <u>Fast</u> or <u>slow</u>, just <u>keep</u> the <u>beat</u>. (<u>fast</u> or <u>slou</u> iost *ki*-ip da *bi*-it; Rápido o despacio, sólo mantén el compás)

Ahora intente llevar el ritmo en las siguientes oraciones mientras zapatea. (No olvide enfatizar las sílabas subrayadas.)

Cats eat **mice**. (cats _i_-it <u>mais</u>; Los gatos comen ratones)

The **cats** will **eat** the **mice**. (da <u>cats</u> uill _i_-it da <u>mais</u>; Los gatos se comerán a los ratones)

Si una oración tiene varias sílabas no acentuadas juntas, tiene que acelerar (un poco) para mantener el ritmo. Intente decir la siguiente oración sin cambiar el ritmo:

The **cats** in the **yard** are **going** to **eat** up the **mice**. (da <u>cats</u> in da <u>iard</u> ar <u>go-ing</u> tu _i_-it op da <u>mais</u>; Los gatos del patio se van a comer a los ratones)

Acentuando las palabras importantes

¿Cómo saber qué palabras acentuar en inglés? ¡Acentúe las más importantes! Es decir, acentúe las palabras que proporcionen la información más importante de la oración.

Acentúe las siguientes palabras:

- adjetivos
- adverbios
- verbos principales
- la mayoría de las palabras que indique pregunta
- negativos
- sustantivos

No acentúe estas palabras:

- artículos
- verbos auxiliares (a menos que estén al final de la oración)
- conjunciones

✔ preposiciones

✔ pronombres (generalmente)

✔ el verbo **to be** (tu bi; ser o estar)

En el Capítulo 2 encontrará más información sobre los términos gramaticales mencionados en las listas anteriores.

Practique con estas oraciones llevando un ritmo constante y acentuando las palabras o sílabas subrayadas:

✔ **Where** can I **find** a **bank**? (*jueir* can ai *faind* ei *bank*; ¿Dónde queda un banco?)

✔ I'd **like** to **have** some **tea**, **please**. (aid *laik* tu jav som *ti-i* *pli-is*; Quisiera un poco de té)

✔ I **need** to **see** a **doctor**. (ai *ni-id* tu *si-i* ei *dok-ter*; Necesito ver a un doctor)

Acentuando la sílaba correcta

No se estrese tratando de decidir qué sílaba estresar en una palabra (o dónde poner el acento). Aunque al principio la acentuación de las sílabas puede parecer completamente aleatoria, algunos patrones comunes pueden ayudar a quitar el estrés de la situación. ¡Se lo prometo! Las siguientes reglas y consejos le ayudarán a comprender la forma de acentuar palabras individuales y la razón por la cual el patrón de acentuación puede variar o cambiar.

¿Lo tiene confundido el acento ambulante en palabras como **mechanize** (*mec*-a-nais; mecanizado), **mechanic** (me-*ca*-nik; mecánico), y **mechanization** (me-ca-ni-*sei*-chon; mecanización)? El *sufijo* (terminación) de varias palabras determina el patrón de acentuación. La terminación también puede indicar si se trata de un sustantivo, verbo o adjetivo — ¡eso es un extra! Estas son algunas referencias rápidas a seguir:

✔ Los sustantivos que terminan en **–ment, –ion/ –cion/–tion, –ian/–cian/–sian,** y **–ity** llevan acento en la sílaba anterior al sufijo, ejemplo: **enjoyment** (en-*lloi*-ment; gozo), **opinion** (o-*pin*-ion; opinión), **reservation** (re-ser-*vei*-chon; reservación), **possibility** (po-si-*bil*-i-ti; posibilidad).

✔ Los adjetivos que terminan en **–tial/–dial/–cial, –ual, –ic/–ical** y **–ious/–eous/–cious/–uous** llevan acento en la sílaba anterior al sufijo, ejemplo: **essential** (i-*sen*-chul; esencial), **usual** (*iu*-zhul; usual), **athletic** (az-*le*-tic; atlético), **curious** (*kiur*-i-os; curioso).

✔ Los verbos que terminan en **–ize, –ate,** y **–ary** llevan acento en la segunda sílaba antes del sufijo, ejemplo: **realize** (*ri*-a-lais; darse cuenta), **graduate** (*grad*-llu-eit; graduado), **vocabulary** (vo-*ca*-biu-le-ri; vocabulario).

Los siguientes ejemplos muestran algunos patrones generales de acentuación que lo pueden ayudar a discernir la pronunciación de una palabra. Estos ejemplos no son reglas absolutas. No puede confiar en ellos en un 100 por ciento (ni siquiera en un 98 por ciento), pero los puede usar como referencia cuando no esté seguro si acentuar o no una palabra.

✔ Varios sustantivos de dos sílabas llevan acento en la primera sílaba. Si no está seguro de cómo acentuar un sustantivo de dos sílabas, haga la prueba con la primera; existe una buena posibilidad de que esté en lo correcto. Estos son algunos ejemplos: **English** (*Ing*-lich; inglés), **music** (*miu*-sic; música), **paper** (*pei*-per; papel), **table** (*tei*-bul; mesa).

✔ En la mayoría de los verbos, adjetivos y adverbios, acentúe la raíz, no el prefijo o el sufijo. Por ejemplo: **dislike** (dis-*laik*; desagradar), **lovely** (*lov*-li; lindo), **redo** (ri-i-*du*; volver a hacer), **unkind** (on-*kaind*; poco amable).

✔ Acentúe la primera palabra en la mayoría de los *sustantivos compuestos* — sustantivos simples formados por dos o más sustantivos y con un significado diferente de las palabras originales. Por ejemplo: **ice cream** (*ais*-cri-im; helado), **notebook** (*nout*-buk; cuaderno), **sunglasses** (*son*-glas-es; lentes de sol), **weekend** (*wi*-ik-end; fin de semana).

Palabras para recordar

alphabet	(al-fa-bet)	alfabeto
letter	(le-ter)	letra
consonant	(can-so-nant)	consonante
short vowel	(short va-ul)	vocal corta
long vowel	(long va-ul)	vocal larga
diphthong	(dip-zong)	diptongo
voiced	(voist)	sonoro
voiceless	(vois-les)	sordo

Capítulo 2

Gramática al Instante: Sólo lo Básico

· ·

En Este Capítulo

▶ Cómo formar una oración simple

▶ Cómo hacer preguntas

▶ Uso de sustantivos, pronombres, verbos, adjetivos y adverbios

▶ Hablando en presente, pasado y futuro

▶ Comprensión de los artículos

· ·

¿La sola mención de la palabra *gramática* lo hace querer salir corriendo o cerrar el libro y guardarlo para otra ocasión? Lo entiendo. Por lo que en este capítulo solo presento los elementos esenciales para que tenga una mejor comprensión del inglés.

Construcción de Oraciones Simples

Formar una oración simple en inglés es muy sencillo —siempre y cuando se utilicen los tres elementos básicos. Los tres elementos básicos son:

▶ **subject** (*sub*-llect; sujeto)

▶ **verb** (vurb; verbo)

▶ **object** (*ob*-llect; objeto)

El sujeto de una oración puede ser un **noun** (naun; sustantivo) o un **pronoun** (*pro*-naun; pronombre), el **verb** puede estar en presente, pasado o futuro, y el **object** es un término general para, digamos, ¡el resto de la oración!

Construir una oración en inglés es como usar una fórmula matemática. Aquí está la "fórmula" de oraciones simples para aquellos con alma de matemático: **subject + verb + object.** Un ejemplo de esta estructura sería:

> **I speak English.** (ai *spi-ik ing-lich*; Yo hablo inglés)

Construcción de Oraciones Negativas

Por supuesto no siempre va a querer hablar con oraciones afirmativas, así que necesita saber cómo formar una oración negativa. La siguiente lista muestra tres formas simples para formar oraciones negativas usando la palabra **not** (not; no):

- Añada **not** a una oración simple después del verbo **to be: English is not difficult** (*ing*-lich is not *di*-fi-colt; El inglés no es difícil).

- Añada **do not** o **does not** antes de verbos diferentes a **to be: She does not like hamburgers** (Chi dos not laik *jam*-bur-gurs; A ella no le gustan las hamburguesas)

- Añada **cannot** antes del verbo para expresar inhabilidad: **I cannot speak Chinese** (ai *can*-not *spi-ik* chai-*nis*; No puedo hablar chino).

No versus not

Quizá su lengua materna use la palabra **no** (nou; no) cuando el inglés usa **not,** pero en inglés no diga **no** antes del verbo, ejemplo: **I no like hamburgers** (ai nou laik *jam*-bur-gurs; Me gustan no las hamburguesas). Sin embargo, puede formar algunas oraciones negativas usando **no** antes del sustantivo. Los siguientes ejemplos muestran dos formas de decir la misma oración negativa:

> ✔ **I do not have a car.** (ai du not jav a car; No tengo coche.)

> ✔ **I have no car.** (ai jav nou car; No tengo coche.)

Usando contracciones como un angloparlante

Si quiere hablar como un angloparlante — y que la gente lo entienda bien — use contracciones al hablar. Las contracciones son dos palabras — como **I am** (ai em; Yo soy) — unidas para formar una sola, pero a la que se le quitan letras para acortarla, ejemplo: **I'm** (aim; Yo soy).

Estas son unas de las contracciones más comunes con el verbo **to be**:

> ✔ **you are** (iu ar; tú eres) → **you're** (ior; tú eres)

> ✔ **he is** (ji is; él es) → **he's** (jis; él es)

> ✔ **she is** (shi is; ella es) → **she's** (shis; ella es)

> ✔ **it is** (it is; eso(a) es) → **it's** (its; eso(a) es)

> ✔ **we are** (wi ar; nosotros somos) → **we're** (wir; nosotros somos)

> ✔ **they are** (dei ar; ustedes son) → **they're** (deir; ustedes son)

Por lo general los negativos se expresan en forma de contracciones, sin embargo cabe notar que no incluyo una contracción para **I am not** (ai em not; Yo no soy/estoy), ya que no existe. En su lugar la gente dice **I'm not** (aim not; Yo no soy/estoy) formando la contracción con las palabras **I** y **am**:

- **is not** (is not; no es/no está) → **isn't** (is-ent; no es/no está)
- **are not** (ar not; no son/no están) → **aren't** (arnt; no son/no están)
- **do not** (du not; no) → **don't** (dount; no)
- **does not** (dous not; no) → **doesn't** (*dous*-ent; no)
- **cannot** (can not; no puedo) → **can't** (cant; no puedo)

En inglés americano la gente usa la contracción negativa **don't have** (dount jav; no tengo) o **doesn't have** (*dos*-ent jav; no tiene), en lugar de **haven't** (*jav*-ant; no tengo) cuando el verbo principal es **have** (jav; tener). Es más común que escuche la oración **I don't have a car** (ai dount jav a car; No tengo coche), que la versión británica **I haven't a car** (ai *jav*-ant a car; No tengo coche).

Preguntas, Preguntas, y Más Preguntas

Cuando se habla por primera vez un idioma, siempre resulta un poco complicado aprender a formular preguntas, sin embargo voy a mostrarle una manera fácil de hacerlo.

Preguntas con el verbo "to be"

Las preguntas que utilizan el verbo **to be** son muy comunes, por ejemplo, **Are you hungry?** (ar iu *jan*-gri; ¿Tienes hambre?). (Consulte la sección sobre "Verbos: Expresando Acciones, Sentimientos, y Estados de Ser" en este capítulo, para tener más información sobre cómo usar el verbo **to be**.) Las preguntas con **to be** comienzan con una forma del verbo **to be,** seguida por el sujeto de la oración. Las siguientes oraciones muestran este patrón:

> ✔ **Is she your sister?** (is shi ior *sis*-ter; ¿Ella es tu hermana?)

> ✔ **Are they American?** (ar dei a-*mer*-i-can; ¿Son americanos?)

Una forma fácil de recordar cómo formar este tipo de pregunta es imaginar una afirmación como: **You are my friend** (iu ar mai frend; Eres mi amigo). Ahora invierta el sujeto y el verbo **ser** de la siguiente manera: **Are you my friend?** (ar iu mai frend; ¿Eres tú mi amigo?)

Preguntas con el verbo "to do"

Otra pregunta muy común es la que comienza con el verbo **do**. Por lo general se usa la palabra **do** o **does** para comenzar una pregunta cuando el verbo principal no es **to be**, como en **Do you speak English?** (Utilice **do** con **I, you, we,** y **they**; utilice **does** con **he, she,** e **it.**)

Es muy fácil formar una pregunta con **to do**. Solo ponga la palabra **do** o **does** frente a la afirmación — ¡y presto! — ¡la pregunta está lista! Bueno, casi. También tiene que cambiar el verbo principal a su forma base, como se muestra en los siguientes ejemplos:

He speaks my language. (ji *spi-iks* mai *lang*-uill; Él habla mi idioma.)	Does he speak my language? (das ji *spi-ik* mai *lang*-uill; ¿Él habla mi idioma?)
You love me! (iu lov mi; ¡Me quieres!)	Do you love me? (du iu lov mi; ¿Me quieres?)

Para formar una pregunta en el pasado, use **did** (did; hizo) — el pasado de **do** — y el verbo principal en su forma base, ejemplo: **Did she read this book?** (did shi rid dis buk; ¿Ella leyó este libro?) Puede ver cómo una oración en el pasado se convierte en una pregunta en el siguiente ejemplo:

You liked the movie.	Did you like the movie?
(iu laikd da *mu*-vi;	(did iu laikd da *mu*-vi;
Te gustó la película.)	¿Te gustó la película?)

Preguntas con what, when, where, y why

Varias preguntas en inglés requieren el uso de una "palabra interrogativa," como qué, dónde, cuándo, etc. A las preguntas que comienzan con estas palabras se les llama algunas veces **information questions** (in-for-*mei*-chion *kwest*-chions; preguntas informativas) porque la respuesta proporciona información específica. A continuación está una lista de las palabras interrogativas más comunes:

- **what** (juat; qué)
- **when** (juen; cuándo)
- **where** (juer; dónde)
- **who** (ju; quién)
- **why** (juai; por qué)
- **how** (jau; cómo)
- **how much** (jau mach; cuánto)
- **how many** (jau *me*-ni; cuántos)

Se pueden formar muchas preguntas informativas con tan solo añadir una palabra interrogativa a las preguntas con **to be** o **to do**. Los siguientes ejemplos muestran lo que quiero decir:

Is she crying?	Why is she crying?
(is chi *crai*-ing;	(juai is chi *crai*-ing;
¿Está llorando?)	¿Por qué está llorando?)

Do you love me?	How much do you love me?
(du iu lov mi;	(jau much du iu lov mi;
¿Me quieres?)	¿Cuánto me quieres?)

Revise estas preguntas informativas y ponga atención al tipo de información que pide cada pregunta:

What is your name?	**My name is Sara.**
(juat is ior neim;	(mai neim is *se*-ra;
¿Cuál es tu nombre?)	Mi nombre es Sara.)
Where do you live?	**I live on Mission Street.**
(juer du iu liv;	(ai liv an *mi*-shan strit;
¿Dónde vives?)	Vivo en Mission Street.)
When is the concert?	**It's tonight at 8:00 p.m.**
(juen is da *con*-srt;	(its tu-*nait*- ate it pi em;
¿Cuándo es el concierto?)	Es hoy a las 8:00 p.m.)
How much does it cost?	**It costs 20 dollars.**
(jau mach dos it cost;	(it costs *twen*-ti *dol*-ars;
¿Cuánto cuesta?)	Cuesta 20 dólares.)
Why are you going?	**Because I like the band.**
(juai ar iu going;	(bi-*cos* ai laik da band;
¿Por qué vas?)	Porque me gusta la banda.)
Who is going with you?	**You are!**
(ju is *go*-ing wiz iu;	(iu ar;
¿Quién va contigo?)	¡Tú!)

Puede hacer muchas más preguntas añadiendo simplemente una palabra específica después de la palabra interrogativa **what.** Observe estos ejemplos de preguntas (y respuestas, solo por divertirse):

What day is it?	**Saturday.**
(jaut dei is it;	(*sa*-tur-dei;
¿Qué día es?)	Sábado.)
What school do you attend?	**Mills College.**
(juat scul du iu a-*tend*;	(milz *cal*-ell;
¿A qué escuela vas?)	Mills College.)

Sustantivos: Personas, Lugares, y Cosas

En inglés, como en su propio idioma, los sustantivos pueden ser nombres de personas (como Einstein y Tía Susy), lugares (como el Gran Cañón y España), o cosas (como libros o circunstancias generales). Los sustantivos pueden ser singulares o plurales.

En inglés, los sustantivos no son **masculine** (*mas*-cu-len; masculinos) o **feminine** (*fe*-me-nen; femeninos). Esta es una de las cosas que es más fácil del inglés en comparación con otros idiomas.

En inglés los sustantivos son **singular** (*sin*-guiu-lar; singular) o **plural** (*plu*-ral; plural). Las terminaciones plurales "cotidianas" para la mayoría de los sustantivos son –**s** o –**es**, pero algunos sustantivos tienen terminaciones "caprichosas." Estas son algunas reglas útiles para facilitar la formación del plural:

- ✔ Añada –**s** a los sustantivos que terminan en vocales o consonantes, como: **days** (dais; días) o **words** (uerds; palabras).

- ✔ Para sustantivos que terminan en consonante + **y**, quite la –**y** y añada –**ies**, como en: **parties** (*par*-tis; fiestas) o **stories** (*sto*-ris; cuentos).

- ✔ Añada –**es** a los sustantivos que terminan en –**s**, –**ss**, –**ch**, –**sh**, –**x**, y –**z**, como en: **buses** (*bos*-es; camiones), **kisses** (*kis*-es; besos), o **lunches** (*lounch*-es; almuerzos).

- ✔ Para sustantivos que terminan en –**f** o –**fe**, cambie la terminación a –**ves**: **half** (jaf; mitad) → **halves** (javs; mitades) o **life** (laif; vida) → **lives** (laivs; vidas).

- ✔ Algunos sustantivos no cambian en el plural como: **fish** (fish; pez, peces) o **sheep** (*shi*-ip; borrego, borregos).

✔ Algunos sustantivos son completamente diferentes en el plural. Por ejemplo: **foot** (fut; pie) → **feet** (*fi*-it; pies), **man** (man; hombre) → **men** (men; hombres), **person** (*pr*-san; persona) → **people** (*pi*-pol; personas), o **woman** (*ua*-man; mujer) → **women** (*ui-men*; mujeres).

You y I: Pronombres Sujeto

Los pronouns (pro-nauns; pronombres) pueden sustituir a los sustantivos. La forma de usarlos en inglés probablemente es similar a cómo los usa en su idioma materno.

Los subject pronouns (*sab*-llect *pro*-nauns; pronombres sujeto) son pronombres que sustituyen al sujeto de la oración. Estos son los pronombres sujeto:

✔ **I** (ai; yo)

✔ **you** (iu; tú, usted, ustedes)

✔ **he** (ji; él)

✔ **she** (shi; ella)

✔ **it** (it; no hay traducción cuando es sujeto gramatical de verbos y frases impersonales)

✔ **we** (ui; nosotros)

✔ **they** (dei; ellos, ellas)

Recuerde que el inglés tiene una sola forma de **you;** no es necesario hacer una distinción entre el **you** formal y el **you** informal, como en muchos otros idiomas. Por lo que es perfectamente aceptable usar **you** en situaciones formales e informales.

Observe como en los siguientes pares de oraciones, al sujeto de la primera oración lo sustituye un pronombre en la segunda oración.

Tommy went to Mexico. (*ta*-mi went tu *me*-xi-cou; Tommy fue a México.)	**He went to Mexico.** (ji went tu *me*-xi-cou; Él fue a México.)
Paola lives there. (*pao*-la livs der; Paola vive ahí.)	**She lives there.** (shi livs der; Ella vive ahí.)
Mexico is a great country. (*me*-xi-cou is a greit *con*-tri; México es un gran país.)	**It is a great country.** (it is a greit *con*-tri; Es un gran país.)
Tommy and Paola are friends. (*ta*-mi and *pao*-la ar frends; Tommy y Paola son amigos.)	**They are friends.** (dei ar frends; Ellos son amigos.)

You y **I** juntos equivalen a **we.** Cada vez que el sujeto incluye a **you** y a otras personas, use el pronombre **we** — no **they.** Ejemplo:

Joan and I are sisters. (llon and ai ar *sis*-trs; Joan y yo somos hermanas.)	**We are sisters.** (Wi ar *sis*-trs; Nosotras somos hermanas.)
My wife, kids, and I took a vacation. (mai waif kids and ai tuk ei vei-*quei*-chn; Mi esposa, mis hijos y yo tomamos vacaciones.)	**We took a vacation.** (wi tuk ei vei-*quei*-chn; Nosotros tomamos vacaciones.)

En muy poco tiempo estará usando los pronombres como todo un angloparlante. Sólo recuerde lo siguiente:

✔ No omita el pronombre sujeto. A diferencia de otros idiomas, en inglés, el verbo por sí solo no indica necesariamente el número o el género del sujeto, por lo que debe de incluirlo.

Excepción: Puede omitir el pronombre sujeto si está implícito que el sujeto es tú o usted, como en los siguientes ejemplos: **Come here** (com _ji_-ar; Ven), **Sit down** (sit daun; Siéntate), y **Help!** (jelp; ¡Ayuda!).

✔ Use el pronombre **it** para animales. Pero si conoce el género del animal, puede usar **he** o **she.** Por ejemplo, si sabe que Molly es un gato hembra, puede decir **She's very affectionate** (shis _ve_-ri a-_fec-chn-et_; Es muy cariñosa).

✔ Use el pronombre **they** para el plural de animales y cosas. Por ejemplo, si compra dos libros puede decir **They are interesting** (dei _ar in_-tr-est-ing; Son interesantes).

Ser Posesivo: Pronombres y Adjetivos Posesivos

El uso de posesivos permite identificar qué pertenece a quién. Los **possessive adjectives** (_po_-ses-iv ad-llec-tivs; adjetivos posesivos) van antes de los sustantivos e indican posesión — es decir, ayudan a describir a qué o a quién pertenece el sujeto. Estos son los adjetivos posesivos:

✔ **my** (mai; mi)

✔ **your** (ior; tu)

✔ **her** (jer; su, de ella)

✔ **his** (jis; su, de él)

✔ **its** (its; su, sus)

✔ **our** (aur; nuestro, nuestra)

✔ **their** (der; de ellos, de ellas)

En inglés, los adjetivos posesivos (como todos los adjetivos) no cambian, sin importar si el sustantivo es singular o plural. Estas oraciones ilustran esta idea:

✔ **These are her bags.** (*di*-is ar jer bags; Estas son sus bolsas.)

✔ **This is her suitcase.** (dis is jer *su*-ut-keis; Esta es su maleta.)

Recuerde que se usa el adjetivo posesivo que hace referencia al dueño, no al objeto o a la persona que se posee. Es decir, si el dueño es mujer, use la palabra **her** para mostrar posesión, aunque lo que se posee sea masculino. Observe los siguientes ejemplos:

✔ **Nettie travels with her husband.** (*ne*-ti *tra*-vels uiz her *jos*-band; Nettie viaja con su esposo.)

✔ **His wife made a reservation.** (jis waif meid ie re-ser-*vei*-chion; Su esposa hizo una reservación.)

Los **possessive pronouns** (pronunciation; pronombres posesivos) muestran a quién pertenece el sujeto que se acaba de mencionar. Los pronombres posesivos pueden ir al principio o al final de una oración y pueden ser el sujeto o el objeto. Estos son los pronombres posesivos:

✔ **mine** (main; (el) mío, (la) mía)

✔ **yours** (iors; (el) tuyo, (la) tuya, (el) suyo, (la) suya)

✔ **hers** (jers; (el) suyo, (la) suya)

✔ **his** (jis; (el) suyo, (la) suya)

✔ **its** (its; (el) suyo, (la) suya)

✔ **ours** (aurs; (el) nuestro, (la) nuestra)

✔ **theirs** (ders; (el) suyo, (la) suya)

Al igual que los adjetivos posesivos, los pronombres posesivos no tienen plural. La **–s** en las palabras **yours, hers, its, ours,** y **theirs** implica posesión. Estos son algunos ejemplos:

✔ **This luggage is yours.** (dis *lo*-guech es iors; Este equipaje es suyo.)

✔ **Mine is still in the car.** (main is stil in da car; El mío todavía está en el coche.)

Verbos: Expresando Acciones, Sentimientos, y Estados de Ser

Un **verb** (verb; verbo) añade acción y sentimiento a una oración o indica un estado de ser. A este verbo se le llama comúnmente **main verb** (main verb; verbo principal) — o el verbo que hace el "trabajo" principal en la oración. Observe los verbos principales (en itálicas) en las siguientes oraciones:

✔ **We *ate* a pizza.** (ui eit ei *pit-sa*; Comimos una pizza.)

✔ **I *like* cheese pizza.** (ai laik chis *pit-sa*; Me gusta la pizza de queso.)

✔ **Pizza *is* yummy!** (*pit-sa* is *llam*-mi; ¡La pizza es rica!)

Los verbos también pueden ser "ayudantes" de los verbos principales. Este verbo se llama **auxiliary verb** (al-*sil*-i-e-ri verb; verbo auxiliar) — o simplemente un **helping verb** (*jelp*-ing verb; verbo ayudante). En las siguientes oraciones, los verbos (en itálicas) son verbos auxiliares que apoyan a los verbos principales:

✔ **You *are* reading this book.** (iu ar *rid*-ing dis buk; Estás leyendo este libro.)

✔ **It *can* give you some grammar tips.** (it can giv iu sam *gram*-mr tips; Te puede dar algunos consejos de gramática.)

Al conjugarse los verbos pueden ser regulares o irregulares:

✔ **Regular verbs** (*re*-guiu-lar verbs; verbos regulares): Son los verbos que siguen un patrón de conjugación regular y predecible.

✔ **Irregular verbs** (*i*-re-guiu-lar verbs; verbos irregulares): Bueno, digamos que estos son los verbos que no siguen un patrón razonable.

Verbos regulares

Casi todos los verbos en inglés son regulares en el presente. Además, se conjugan de la misma forma con excepción de la tercera persona del singular (**he, she, e it**).

Por ejemplo, aquí están las conjugaciones (muy útiles) de los verbos regulares **to love** (tu lav; amar) y **to kiss** (tu kis; besar):

Conjugación	Pronunciación
To Love:	
I love	(ai lov)
you love	(iu lov)
he/she loves	(ji/shi lovs)
it loves	(it lovs)
we love	(wi lov)
they love	(dei lov)
To Kiss:	
I kiss	(ai kis)
you kiss	(iu kis)
he/she kisses	(ji/shi *kis*-es)
it kisses	(it *kis*-es)
we kiss	(wi kis)
they kiss	(dei kis)

Lo único peculiar de la conjugación de los verbos regulares es la terminación de **–s** o **–es** en la tercera persona del singular. **He, she,** e **it** son personas del singular, pero las terminaciones de los verbos son idénticas a la terminación del plural. ¡Esté muy alerta! Por otro lado, no se confunda y añada **-s** o **-es** a verbos que se usan con sustantivos plurales o con los pronombres **we** y **they**.

Verbos irregulares

Hoy es su día de suerte, porque, por el momento, solo tiene que recordar dos verbos irregulares para el presente: **to have** (tu jav; tener) y **to be** (tu bi; ser o estar). Estas son las conjugaciones para estos dos verbos excéntricos.

Conjugación	Pronunciación
To Have:	
I have	(ai jav)
you have	(iu jav)
he/she has	(ji/chi jas)
it has	(it jas)
we have	(wi jav)
they have	(dei jav)
To Be:	
I am	(ai em)
you are	(iu ar)
he/she is	(ji/chi is)
it is	(it is)
we are	(wi ar)
they are	(dei ar)

Ser o no ser: Uso del verbo "to be"

El verbo **to be** es un verbo muy activo; tiene muchas funciones en inglés. Esta es una descripción de cuatro de ellas (no están en orden de importancia).

Use **to be** antes de sustantivos y adjetivos para mostrar identidad o estado:

- **Molly and Dixie are cats.** (*ma*-li and *diks*-i ar cats; Molly y Dixie son gatos.)
- **It is a beautiful day.** (it is ei *biu*-ti-ful dei; Es un hermoso día.)
- **I am lost!** (ai em last; ¡Estoy perdido!)

Use **to be** como un verbo auxiliar (o ayudante) con el presente o pasado continuo. Observe los siguientes ejemplos, el primero en presente continuo y el segundo en pasado continuo:

- **The world is turning.** (da wrld is trn-en; El mundo está girando.)
- **I was writing this book last year.** (ai was *rait*-en dis buk last yiar; Estaba escribiendo este libro el año pasado.)

Use **to be** como verbo auxiliar cuando en el futuro aparezca la palabra **going to** (go-ing tu; ir a):

- **You are going to speak English very well.** (iu ar go-ing tu *spi-ik* in-glesh veri wel; Va a hablar inglés muy bien.)
- **The cats are going to sleep all day.** (da cats ar go-ing tu slip al dei; Los gatos van a dormir todo el día.)

Hablo más sobre el presente/pasado continuo y futuro en la siguiente sección.

Use **to be** para señalar un lugar:

- **My home is in California.** (mai jom is in ca-li-*for*-nia; Mi casa está en California.)

✔ **The bus stop is over there.** (da bos stop is *o*-ver der; La parada de camión está por allá.)

Que No lo Presionen los Tiempos

Al igual que la mayoría de los idiomas, el inglés tiene infinidad de tiempos para cada situación, pero la buena noticia es que con conocer algunos de los básicos le basta para desenvolverse fácilmente. Para empezar observe los ejemplos con el verbo regular **to walk** (tu wak; caminar):

✔ Presente: **I walk to school every day.** (ai wak tu scul *ev*-ri dei; Camino a la escuela todos los días.)

✔ Pasado: **I walked to school yesterday.** (ai wakt tu scul *yes-tr-dei*; Ayer caminé a la escuela.)

✔ Futuro: **I will walk to school again tomorrow.** (ai will wak tu scul e-guein tu-mar-rou; Otra vez caminaré a la escuela mañana.)

Presente simple

Voy a darle dos por el precio de uno — dos formas de presente para conversaciones diarias. La primera es **simple present** (*sim*-pl *pre*-sent; presente simple). Use este tiempo para hablar de actividades diarias o de actividades o eventos cotidianos. Por ejemplo, **I jog every day** (ai llog *ev*-ri dei; Corro todos los días). **To be** también se usa para expresar un estado o un hecho, como **The sun is hot** (da san is jat; El sol está caliente).

La siguiente lista le muestra más ejemplos del presente simple (en itálicas):

✔ **It *rains* every day.** (it reins ev-ri dei; Llueve todos los días.)

✔ **Dixie *likes* milk.** (*diks*-i laiks melk; A Dixie le gusta la leche.)

✔ **She *is* three years old.** (chi is dri lliars old; Ella tiene tres años.)

Presente continuo

El segundo presente que le quiero mostrar es el **present continuous tense** (*pre*-sent con-*tin*-iu-as tens; presente continuo). Use este tiempo para hablar de cosas que están sucediendo en el momento — en este momento o en este período de su vida. Por ejemplo:

- ✓ **It *is raining* right now.** (it is rein-in rait nau; Está lloviendo en este momento.)
- ✓ **Dixie *is drinking* milk.** (*diks*-i is *drink*-in melk; Dixie está bebiendo leche.)
- ✓ **I *am learning* English.** (ai em lern-ing *ing*-lich; Estoy aprendiendo inglés)

Para los de espíritu matemático, aquí les muestro una útil fórmula para formar el presente continuo: **to be** + verbo principal + **–ing**.

Y recuerde usar la conjugación correcta del verbo **to be.** Por ejemplo:

- ✓ **I *am reading* this book.** (ai em *rid*-ing dis buk; Estoy leyendo este libro.)
- ✓ **She *is reading* this book.** (shi es *rid*-ing dis buk; Ella está leyendo este libro.)

Cuando alguien le hace una pregunta en el presente continuo, usted debe contestar con el mismo tiempo. Aquí están unos ejemplos de preguntas y respuestas:

What are you doing? (juat ar iu *du*-ing; ¿Qué estás haciendo?)	**I am cleaning the house.** (ai em clin-in da jaus; Estoy limpiando la casa.)
Where are you going? (juer ar iu *go*-ing; ¿A dónde vas?)	**I am going to the store.** (ai em *go*-ing tu da stor; Voy a la tienda.)

Asegúrese de que el sujeto de la oración pueda realizar la acción que se indica. Por ejemplo, si quiere decir **I'm reading a book** (aim *rid*-in ei buk; Estoy leyendo un libro),

¡tenga cuidado de no decir **The book is reading** (da buk is rid-in; El libro está leyendo)! En inglés (o en cualquier otro idioma), esta idea no tiene sentido — un libro no puede leer.

Pasado simple

Use el **simple past tense** (sim-pl past tens; pasado simple) para hablar de una acción o evento que comenzó y terminó en el pasado. Con el pasado simple es común usar palabras que indican pasado, **yesterday** (yes-ter-dei; ayer), **last week** (last wik; la semana pasada), **in 1999** (in *nain*-tin *nain*-ti nain; en 1999), **ten minutes ago** (ten *min*-ets a-*gou*; hace diez minutos), entre otras.

El pasado simple se forma de dos maneras:

- ✔ Añadiendo **–ed** al final de los verbos regulares en pasado
- ✔ Usando la forma irregular en pasado de los verbos

Solo añada **–ed** al final a la mayoría de los verbos regulares en inglés, y ¡ahí tiene el pasado! (Tómelo así: Su amigo Ed es un hombre regular.) Estos son ejemplos del pasado regular:

- ✔ I *called* my mother last night. (ai cald mai *mo*-der last nait; Anoche llamé a mi mamá.)
- ✔ She *answered* the phone. (chi *an*-serd da fon; Ella contestó el teléfono.)
- ✔ We *talked* for a long time. (wi takd for ei long taim; Hablamos por mucho tiempo.)

Si un verbo termina en **e**, simplemente añada **–d.** Para los verbos que terminan en consonante más **y**, como **study** (*sta*-di; estudiar) y **try** (trai; intentar) forme el pasado cambiando la **y** por **i** y añadiendo **–ed,** como en **studied** (*stou*-did; estudió) y **tried** (traid; intentó).

Como 100 verbos comunes tienen formas irregulares en el pasado. Lo bueno es que, a excepción del verbo **to be,** todos tienen una sola forma. Por ejemplo, el pasado simple de **have** es **had** (jad; tuvo).

En los siguientes ejemplos, los verbos irregulares en pasado están en itálicas:

- ✔ I *wrote* a love letter to my sweetheart. (ai rot ei lav *le*-tr tu mai *swit*-jart; Escribí una carta a mi amada.)
- ✔ She *read* it and said "I love you." (chi red it and sed ai lov iu; La leyó y dijo "Te quiero").
- ✔ I *felt* very happy! (ai felt *ve*-ri *ja*-pi; ¡Me sentí muy contento!)

El verbo **to be** tiene dos conjugaciones en el pasado simple:

- ✔ I was (ai uas; fui/era)
- ✔ you were (iu uer; fuiste/era)
- ✔ he/she/it was (ji/chi/it was; fue/era)
- ✔ we were (ui uer; fuimos/éramos)
- ✔ they were (dei uer; fueron/eran)

Pasado continuo

Si puede formar el presente continuo, fácilmente puede hacer el **past continuous tense** (past con-*tin*-iu-as tens; pasado continuo). Este tiempo se usa para hablar de algo que estaba sucediendo por un período de tiempo en el pasado. Por ejemplo:

- ✔ It *was raining* last night. (it uas rein-ing las nait; Anoche estaba lloviendo.)
- ✔ We *were walking* in the rain. (ui uer *wak*-ing in da rein; Estábamos caminando en la lluvia.)

Esta es la razón por la que es muy fácil formar el pasado continuo. Si sabe formar el presente continuo con el verbo **to be** + el verbo principal + **–ing**, solo tiene que cambiar el verbo **to be** al pasado, y — ¡presto! — acaba de crear el presente continuo. Los siguientes ejemplos ilustran lo anterior:

✔ **I am living in the U.S.** (ai em *liv*-ing in da iu es; Estoy viviendo en los Estados Unidos.)

✔ **I was living in Mexico last year.** (ai uas *liv*-ing in Mexico last yir; Estaba viviendo en México el año pasado.)

Futuro: Will y going to

Existen dos formas igualmente válidas para hablar del futuro, aunque la gente tiende a usar una o la otra para situaciones diferentes.

Cuando quiera formar el futuro puede usar la palabra **will** (uil) o el verbo **to be** más **going to** (*go*-ing tu; ir a). A continuación están dos fórmulas y ejemplos que ilustran cómo usar cada forma:

✔ **will** + verbo principal (en su forma base): **I will tell you a story** (ai uil tel ui ei *sto*-ri; Te contaré un cuento) o **We will help you in a minute** (ui uil jelp iu in ei min-ut; Te ayudaremos en un minuto).

✔ Verbo **be** + **going to** + verbo principal (en su forma base): **I am going to tell you a story** (ai em *go*-ing tu tel iu ei *sto*-ri; Te voy a contar un cuento) o **She is going to graduate next week** (chi is go-ing tu grad-iu-eit nekst uik; Ella va a graduarse la próxima semana).

Los angloparlantes casi siempre usan contracciones con el futuro, y usted también lo debe hacer. Use las contracciones **I'll, you'll**, etc. para la palabra **will.** Con **going to,** use las contracciones de **to be,** como **I'm going to, you're going to, she's going to,** etc.

Adjetivos: Déle Sabor al Idioma

Los **adjectives** (*ad*-llec-tivs; adjetivos) ayudan a describir o a dar más información de sustantivos y pronombres e incluso de otros adjetivos. Éstos añaden color, textura, cualidad, cantidad, carácter y sabor a una oración plana, "sin sabor."

Esta es una oración sin ningún adjetivo:

> **English Phrases For Dummies is a book.** (*ing*-lich for *dam*-mis is ei buk; *Frases en Inglés Para Dummies* es un libro.)

Usando la misma oración, vea cómo adquiere sabor al usar adjetivos (en itálicas):

> **English Phrases For Dummies is a fun, help-ful, basic English language book!** (*ing*-lich for *dam*-mis is ei fan, *jelp*-fl, bei-sic *ing*-lich *lan*-guidll buk; ¡*Frases en Inglés Para Dummies* es un libro de inglés básico divertido y útil!)

¡Esta oración sí que transmite algo!

En inglés los adjetivos nunca tienen género o formas en plural; es decir, los adjetivos nunca cambian de acuerdo al género o número de los sustantivos que describen. Por ejemplo, en las siguientes dos oraciones, fíjese cómo los adjetivos (en itálicas) no cambian a pesar de los sustantivos.

- ✔ **They are very *active* and *noisy* boys.** (dei ar *ve*-ri *ac*-tiv and *noi*-si bois; Son niños muy activos y escandalosos.)

- ✔ **She is a very *active* and *noisy* girl.** (shi is ei *ve*-ri *ac*-tiv and *noi*-si guerl; Es una niña muy activa y escandalosa.)

Dando color y cantidad

Los **colors** (ca-lrs; colores) son adjetivos, al igual que los **numbers** (nom-bers; números). Estos son algunos

ejemplos (observe que la cantidad va primero,
seguido por el color y el sustantivo):

✔ **I'd like one red apple.** (aid laik wan red *a*-pl;
Quisiera una manzana roja.)

✔ **You have two yellow bananas.** (iu jav tu *lle*-lou
ba-*na*-nas; Tienes dos plátanos amarillos.)

Expresando sentimientos

Los adjetivos pueden expresar **feelings** (*fil*-ings;
sentimientos), **emotions** (i-*mo*-chans; emociones),
y el estado de salud en general. Los verbos **to be** y **to
feel** (tu fil; sentir) se usan con los siguientes tipos de
adjetivos:

✔ **She is happy.** (chi is ja-pi; Ella es feliz.)

✔ **I feel nervous.** (ai fil ner-vis; Me siento
nervioso.)

✔ **They are in love.** (dei ar in lov; Están
enamorados.)

Describiendo carácter y habilidad

Los adjetivos se usan para describir el carácter, cuali-
dades y habilidades de las personas. Use el verbo **to
be** con este tipo de adjetivo:

✔ **He's kind.** (jis kaind; Él es gentil.)

✔ **They're athletic.** (deir az-*le*-tic; Ellos son
atléticos.)

✔ **You're funny!** (llour *fa*-ni; ¡Eres chistoso!)

✔ **We're competitive.** (uir com*pe-te-tiv*-; Somos
competitivos.)

Para dar énfasis a su descripción, use el adverbio
very (veri; muy) antes del adjetivo. Por ejemplo:

✔ **It's a very hot day.** (its e *ve*-ri jout dei; Es un día
muy caluroso.)

✔ **She's very artistic.** (chis *ve*-ri ar-*tis*-tic; Es muy artística.)

Si quiere saber más acerca de los adjetivos descriptivos, vaya al Capítulo 4.

Adverbios: Dando Carácter a los Verbos

Los adverbs (*as*-vrbs; adverbios) ayudan a describir un verbo o un adjetivo. Los adverbios expresan cómo o de qué manera se hace algo.

Esta es una oración sin adverbios:

I play the piano. (ai plei da pi-a-no; Toco el piano.)

Ahora añada un adverbio y fíjese cómo la oración tiene otro sentido:

I play the piano *badly!* (ai plei da pi-a-no *bad*-li; ¡Toco muy mal el piano!)

Los adverbios también dicen qué tan seguido se hace algo, como **I *rarely* practice the piano** (ai reir-li prac-tis da pi-a-no; Rara vez practico el piano). Y los adverbios también dicen algo más del adjetivo, como en **My piano teacher is *extremely* patient** (mai pi-a-no ti-chr is ex-*trim*-li *pei*-chant; Mi maestra de piano es extremadamente paciente).

La mayoría de los adverbios se forman añadiendo –**ly** a un adjetivo. Por ejemplo, el adjetivo **quiet** (*kuai*-et; callado) se convierte en el adverbio **quietly** (*kuai*-et-ly; calladamente). Estos son algunos ejemplos:

✔ Adjetivo: **Please be quiet.** (plis bi *kuai*-et; Por favor sea silencioso.)

✔ Adverbio: **Please talk quietly.** (plis tok *kuai*-et ly; Por favor hable en voz baja.)

Algunos adverbios y adjetivos son clones, lo que significa que las palabras no cambian. Por ejemplo, observe la palabra **fast** (fast; rápido) en estas dos oraciones:

✔ Adjetivo: **He has a fast car.** (ji jas ei fast car; Tiene un coche rápido.)

✔ Adverbio: **He drives too fast.** (ji draivs tu fast; Maneja muy rápido.)

Los Tres Artículos: A, an, y the

En esta sección le muestro cómo usar los artículos **a**, **an**, y **the**. *Nota:* En inglés, los artículos (así como los sustantivos) no tienen género; son los mismos para femenino y masculino, como en **The boy is tall** (da boi is tal; El niño es alto) y **The girl is tall** (da guirl is tal; La niña es alta). Estas son algunas reglas para que no se pierda:

✔ **A/an versus the** (muy fácil): **A** y **an** sólo se usan antes de sustantivos singulares que se puedan contar. **The** puede usarse antes de sustantivos singulares y plurales: **Molly is a cat** (*mo*-li is a cat; Molly es una gata), **She is an animal** (chi is an *a*-ni mal; Ella es un animal), or **The birds fear her** (da brds *fr*-ir jer; Los pájaros le tienen miedo).

✔ **A versus an** (también muy fácil): **A** se usa antes de sustantivos, o sus adjetivos, que comiencen con consonante. **An** se usa antes de sustantivos, o sus adjetivos, que comiencen con **h** muda o vocal: **We saw a movie** (ui sau ei *mu*-vi; Vimos una película), **The book is an autobiography** (da buk is an a-tou-bai-*a*-grafi; El libro es una autobiografía), or **He's an honest man** (jis an *o*-nest man; Es un hombre honesto).

✔ **The versus no artículo** (no muy difícil): **The** se usa antes de sustantivos que se pueden y que no se pueden contar cuando se habla de algo específico. No se usa ningún artículo delante de sustantivos que no se pueden contar cuando se habla de algo en general: **The coffee in Mexico is delicious!** (da co-fi in *mex*-i-co is di-*li*-chas; ¡En México el café es delicioso) o **Coffee is popular in the U.S.** (co-fi is *pa*-piu-lar in da *iu*-es; El café es popular en los Estados Unidos).

✔ **A/an versus the** (un poco más difícil): **A y an** se usan antes de sustantivos que se mencionan por primera vez. **The** se usa antes de sustantivos que se han mencionado anteriormente: **I read a good book** (ai red ei gud buk; Leí un buen libro), **The book was about an artist** (da buk uas a-*bout* an *ar*-tist; El libro se trataba de un artista), o **The artist lives on a ranch** (da *artist libs on ei ranch*; El artista vive en un rancho).

✔ **The** (bastante fácil): **The** se usa antes de nombres de cadenas montañosas, ríos, océanos y mares: **The Pacific Ocean is huge** (da pa-*ci*-fic o-chion is jiuch; El Océano Pacífico es inmenso) o **The Amazon is in South America** (da *a*-ma-son is in sauz a-*me*-ri-ca; El Amazonas está en Sudamérica).

✔ **The** (también bastante fácil): **The** se usa antes de nombres de países cuyo nombre incluye una referencia a la forma de gobierno o unión: **the United States** (da iu-*nait*-ed steits; los Estados Unidos) o **the People's Republic of China** (da *pi*-pols ri-*pub*-lic of *chai*-na; la República Popular de China).

Capítulo 3

Sopa de Números: Contando Todo

. . . .

En Este Capítulo

▶ En orden con cardinales y ordinales

▶ La hora

▶ De días y meses

▶ Gastando dinero

. . . .

*¡L*e tengo buenas noticias! Los números (1, 2, 3, etc.) son los mismos en inglés y en español, así que en una tienda americana puede saber el precio de las cosas — incluso si no recuerda una sola palabra en inglés. Este capítulo también habla de cómo decir la hora y lo lleva a recorrer el calendario.

1, 2, 3: Números Cardinales

Conocer los números cardinales del 0 al 100 le permite expresar, por ejemplo, cuánto dinero tiene en su cartera, cuántos puntos hay en la pared y cómo decir la hora. Observe los números cardinales:

▶ **zero** (*si-ro*; 0)

▶ **one** (uon; 1)

▶ **two** (tu; 2)

- three (zri; 3)
- four (for; 4)
- five (faiv; 5)
- six (siks; 6)
- seven (*se*-ven; 7)
- eight (eit; 8)
- nine (nain; 9)
- ten (ten; 10)
- eleven (i-*le*-ven; 11)
- twelve (tuelv; 12)
- thirteen (*zur*-ti-in; 13)
- fourteen (*for*-ti-in; 14)
- fifteen (*fif*-ti-in; 15)
- sixteen (*siks*-ti-in; 16)
- seventeen (*se*-ven-ti-in; 17)
- eighteen (*eit*-i-in; 18)
- nineteen (*nain*-ti-in; 19)
- twenty (*tuen*-ti; 20)
- twenty-one (*tuen*-ti-uon; 21)
- twenty-two (*tuen*-ti-tu; 22)
- thirty (*zur*-ti; 30)
- thirty-one (*zur*-ti-uon; 31)
- forty (*for*-ti; 40)
- fifty (*fif*-ti; 50)
- sixty (*siks*-ti; 60)
- seventy (*se*-ven-ti; 70)
- eighty (*ei*-ti; 80)
- ninety (*nain*-ti; 90)
- one hundred (uon *jon*-dred; 100)
- one hundred and one (uon *jon*-dred and uon; 101)

Segundo y Tercero: Números Ordinales

Primero, segundo y tercero son números ordinales.
Son importantes para decir fechas, dar direcciones, y
contestar preguntas. Estas son unas reglas sencillas
que le indican cómo decir los números ordinales.

- ✔ Para números que terminan en 1 (excepto el 11),
  diga **first** (furst; primero).
- ✔ Para números que terminan en 2 (excepto el 12),
  diga **second** (*se*-cond; segundo).
- ✔ Para números que terminan en 3 (excepto el 13),
  diga **third** (zurd; tercero).
- ✔ Para 11, 12, 13, y todos los otros números,
  añada la terminación **–th**.

Esta es una lista de números ordinales:

- ✔ **first** o **1st** (furst; primero)
- ✔ **second** o **2nd** (*se*-cond; segundo)
- ✔ **third** o **3rd** (zurd; tercero)
- ✔ **fourth** o **4th** (forz; cuarto)
- ✔ **fifth** o **5th** (fifz; quinto)
- ✔ **sixth** o **6th** (sixz; sexto)
- ✔ **seventh** o **7th** (*se*-venz; séptimo)
- ✔ **eighth** o **8th** (eiz; octavo)
- ✔ **ninth** o **9th** (naiz; noveno)
- ✔ **tenth** o **10th** (tenz; décimo)
- ✔ **eleventh** o **11th** (*e*-le-venz; onceavo)
- ✔ **twelfth** o **12th** (tuelvz; doceavo)
- ✔ **thirteenth** o **13th** (*zur*-ti-inz; treceavo)
- ✔ **fourteenth** o **14th** (*for*-ti-inz; catorceavo)
- ✔ **fifteenth** o **15th** (*fif*-ti-inz; quinceavo)

- ✔ **sixteenth** o **16th** (*siks*-ti-inz; décimo sexto)
- ✔ **seventeenth** o **17th** (*se*-ven-ti-inz; décimo séptimo)
- ✔ **eighteenth** o **18th** (*eit*-i-inz; décimo octavo)
- ✔ **nineteenth** o **19th** (*nain*-ti-inz; décimo noveno)
- ✔ **twentieth** o **20th** (*tuen*-tiez; vigésimo)
- ✔ **twenty-first** o **21st** (*tuen*-ti furst; vigésimo primero)
- ✔ **thirtieth** o **30th** (*zur*-tiez; trigésimo)
- ✔ **one-hundredth** o **100th** (uon *jon*-dredz; centésimo)

La Hora

En inglés americano se puede hablar del **time** (taim; tiempo) de varias maneras:

- ✔ Con los números del 1 al 12 (no del 1 al 24)
- ✔ Con las abreviaciones **a.m.** (temprano en la mañana hacia antes del medio día) y **p.m.** (de la tarde a antes de la madrugada)

También puede decir **in the morning** (in da *mor*-ning; en la mañana) en lugar de **a.m.** En vez de **p.m.**, puede usar la frase **in the afternoon** (in da af-ter-*nu*-un; en la tarde) o **in the evening** (in da *i*-iven-ing; en la noche).

Es muy fácil no equivocarse con la hora 12:00, porque 12 a.m. se dice **midnight** (mid-nait; media noche) y 12 p.m. se llama **noon** (nun; medio día).

En los Estados Unidos, sólo el ejército usa el sistema de **24-hour** (*tuen*-ti-for; 24 horas) (1:00 a 24:00).

Por lo general el tiempo se expresa con las horas, seguidas por los minutos. Para la 1:30, se dice **one-thirty** (uan-*zur*-ti; una y media). Estos son algunos ejemplos:

- 7:05 = **seven oh five** (*se*-ven ou faiv; siete y cinco)
- 10:15 = **ten fifteen** (ten *fif*-ti-in; diez y cuarto)
- 11:45 = **eleven forty-five** (i-*le*-ven *for*-ti faiv; once cuarenta y cinco)

Hay varias formas de expresar una hora específica en inglés. Observe los siguientes ejemplos:

- **It's three p.m.** (its zri pi em; Son las tres p.m.)
- **It's three in the afternoon.** (its zri in da af-ter-*nu*-un; son las tres de la tarde)
- **It's three o'clock in the afternoon.** (its zri o klak in da af-ter-*nu*-un; Son las tres de la tarde en punto)
- **It's three.** (its zri; Son las tres)

No es necesario decir la palabra **o'clock** (o klak; del reloj, en punto) después de la hora, y es muy raro que alguien la diga antes de los términos a.m. y p.m.

Es muy raro que los americanos usen los términos **past** (past; pasado) y **before** (bi-*for*; antes) para decir los minutos con la hora. En su lugar, la gente tiende a usar la palabra **after** (*af*-ter; después) como en **ten after three** (ó 3:10) y la palabra **to** (tu; para) o **till** (*ti*-il; para) como en **ten to five** (ó 4:50).

Cuando hay 15 minutos de cualquier lado de la hora, se puede usar la expresión **a quarter after** (ei cor-ter *af*-ter; y cuarto) y **a quarter to** (ei cor-ter tu; cuarto para). Eso significa que puede decir 3:45 como **a quarter to four** (ei cor-ter tu for; cuarto para las cuatro).

Se usan tres preposiciones — **at** (at; en), **in** (in; en), y **on** (on; en) — para expresar el tiempo. Decidir cuál utilizar puede parecer aleatorio, pero tiene que seguir las siguientes reglas:

✔ Use **at** con expresiones precisas de tiempo, así como con la palabra **night**.

✔ Use **in** con las expresiones **the morning, the evening**, y **the afternoon**.

✔ Use **on** con días de la semana, **weekend** (*ui*-ik end; fin de semana), y días feriados.

Observe los siguientes ejemplos:

✔ **The concert starts at 9:00.** (da *kon*-sert starts at nain; El concierto comienza a las 9:00.)

✔ **The program is at night.** (da *pro*-gram is at nait; El programa es en la noche.)

✔ **We went to the park in the afternoon.** (ui uent tu da park in da af-ter-*nu*-un; Fuimos al parque en la tarde.)

✔ **The museum is closed on Monday.** (da miu-*si*-um is clousd on *mon*-dei; El museo está cerrado en lunes.)

Y por supuesto, ¿qué pasa si necesita saber la hora? Puede preguntarla con una de estas expresiones:

✔ **What time is it?** (juat taim is it; ¿Qué hora es?)

✔ **Do you have the time?** (du iu jav da taim; ¿Me puede dar la hora?)

No olvide usar el artículo **the** cuando pregunte: **Do you have the time?** Si se le olvida, estará diciendo **Do you have time?** (du iu jav taim; ¿Tienes tiempo?), que significa "¿Estás ocupado?" o "¿Tienes un momento?" Si comete ese error y hace esa pregunta, la persona podría contestarle, **"Time for what?"** (taim for juat; ¿Tiempo para qué?).

Días, Meses, y Fechas

Ya sé, ya sé, los días y los meses no son precisamente números, pero son una manera de medir el tiempo. Las siguientes secciones le muestran lo que necesita saber.

Meses del año

La siguiente es una lista de los meses del año:

- ✔ **January** (*llan*-iu-e-ri; enero)
- ✔ **February** (*feb*-ru-e-ri; febrero)
- ✔ **March** (march; marzo)
- ✔ **April** (*ei*-pril; abril)
- ✔ **May** (mei; mayo)
- ✔ **June** (*llu*-un; junio)
- ✔ **July** (llu-*lai*; julio)
- ✔ **August** (*a*-gost; agosto)
- ✔ **September** (sep-*tem*-ber; septiembre)
- ✔ **October** (oc-*tou*-ber; octubre)
- ✔ **November** (nou-*vem*-ber; noviembre)
- ✔ **December** (di-*cem*-ber; diciembre)

Días de la semana

¿No le gustaría que todos los días fuera viernes? Aquí están los días de la semana:

- ✔ **Sunday** (*son*-dei; domingo)
- ✔ **Monday** (*mon*-dei; lunes)
- ✔ **Tuesday** (*tus*-dei; martes)
- ✔ **Wednesday** (*uens*-dei; miércoles)
- ✔ **Thursday** (*zurs*-dei; jueves)
- ✔ **Friday** (*frai*-dei; viernes)
- ✔ **Saturday** (*sa*-tur-dei; sábado)

Hablando de fechas

En inglés, la fecha se escribe en este orden: **month/day/year** (manz/dei/ier; mes/día/año).

Por ejemplo, la fecha 3/1/2007 es Marzo 1, 2007 (no Enero 3, 2007). Cuando habla, puede expresar la fecha en una de las siguientes maneras:

- ✔ **March first, two thousand and seven** (march first tu *zau*-san and *se-ven*; Marzo primero dos mil siete)

- ✔ **The first of March, two thousand seven** (da first of march tu *zau*-san and *se-ven*; El primero de marzo dos mil siete)

Puede que tarde un poco en acostumbrarse a leer y a escribir primero el mes, pero se acordará cada vez que vea una fecha como 5/13/07. ¡Por supuesto no hay un treceavo mes!

Dinero, Dinero, Dinero

Los **dollars** (*do*-lars; dólares) o papel moneda, y los **cents** (cents; monedas) son lo que circula como dinero en los Estados Unidos. Todos los billetes se parecen — ¡son verdes! Los billetes son del mismo tamaño y tienen el retrato de los presidentes americanos. Por supuesto no valen lo mismo. Los **bills** (bils; billetes) americanos tienen las siguientes **denominations** (de-no-mi-*nei*-chions; denominaciones).

- ✔ **ones** (uons; uno)
- ✔ **fives** (faivs; cinco)
- ✔ **tens** (tens; diez)
- ✔ **twenties** (*twen*-tis; veinte)
- ✔ **fifties** (*fif*-tis; cincuenta)
- ✔ **one hundreds** (uon *jon*-dreds; cien)
- ✔ **five hundreds** (faiv *jon*-dreds; quinientos)

Si alguien dice **It costs five bucks** (it costs faiv boks; Cuesta cinco dólares), no está hablando del venado macho (que se conoce también como **buck**); ¡quiere decir cinco dólares! A **buck** (bok; macho cabrío) es una expresión de slang o jerga para decir dólar. Otra expresión para dinero es **that green stuff** (dat *gri*-in stof; esa cosa verde) — es una referencia general al papel moneda. Si quiere usar esta expresión recuerde usar la palabra **that**.

Las diferentes monedas se expresan en **cents** (¢). Cien centavos equivalen a un dólar. La siguiente lista le da una idea rápida de los nombres de las monedas y sus denominaciones.

- ✔ **penny** (*pe*-ni; un centavo): 1¢
- ✔ **nickel** (*ni*-kel; cinco centavos): 5¢
- ✔ **dime** (*daim*; diez centavos): 10¢
- ✔ **quarter** (*cor*-ter; veinticinco centavos): 25¢

Otra forma de escribir centavos es: \$.05 para cinco centavos, \$.10 para 10 centavos, etc. Las cantidades en dólares se escriben así: \$10 ó \$10.00. Use un **decimal point** (*de*-ci-mal point; punto decimal), no una coma, para indicar centavos.

Cuando dice **This is ten dollars** (dis is ten *do*-lars; Estos son diez dólares), la palabra **dollars** es un sustantivo plural, por lo que termina con una –**s**. Pero cuando dice **This is a ten-dollar bill** (dis is ei ten *do*-lar bil; Este es un billete de diez dólares), ¿en dónde quedó la **s** en la palabra **dollar**? La respuesta es fácil. En la segunda oración, **dollar** no es un sustantivo; es un adjetivo que describe (o dice más acerca) de la palabra **bill**. En inglés, los adjetivos no tienen terminaciones de plural aunque describan sustantivos plurales. (Puede encontrar más información sobre sustantivos y adjetivos en el Capítulo 2.)

Palabras para recordar

dollar	(*do*-lar)	dólar
bill	(bil)	billete
paper money	(*pei-per* mo-ni)	papel moneda
cents	(cents)	centavos
coin	(coin)	moneda
denomination	(de-no-mi-*nei*-chion)	denominación

Cómo cambiar su dinero a la moneda local

En los Estados Unidos, sólo puede usar **U.S. currency** (iu es *cu*-ren-ci; moneda americana), así es que de inmediato querrá saber dónde cambiar su dinero y cómo hacer la **transaction** (trans-*ac*-chion; transacción) en inglés.

Las siguientes frases pueden ayudarlo a tener dinero americano:

- **Where can I exchange money?** (juer can ai eks-*cheinch* mo-ni; ¿Dónde puedo cambiar dinero?)

- **Where can I find a bank?** (juer can ai faind ei bank; ¿Dónde queda un banco?)

- **Do you exchange foreign currency?** (du iu eks-*cheinch* fo-ren *cu*-ren-ci; ¿Cambian moneda extranjera?)

A donde quiera que vaya a cambiar su dinero, querrá conocer el **exchange rate** (eks-*cheinch* reit; tipo de cambio). El cajero le informará sobre el tipo de cambio (y si cobran comisión).

Estas son algunas frases que necesita para realizar la transacción de cambio de moneda:

- ✔ **What is the exchange rate today?** (juat is da eks-*cheinch* reit tu-*dei*; ¿Cuál es el tipo de cambio de hoy?)

- ✔ **Do you charge a fee?** (du iu charch ei *fi-i*; ¿Cobran comisión?)

- ✔ **I'd like to exchange money, please.** (aid laik tu eks-*cheinch mo*-ni *pli*-is; Quisiera cambiar dinero, por favor.)

Palabras para recordar

to exchange	(tu eks-*cheinch*)	cambiar
exchange rate	(eks-*cheinch* reit)	tipo de cambio
currency	(*cu*-ren-ci)	moneda
transaction	(trans-*ac*-chion)	operación
fee	(*fi-i*)	comisión

En el banco

Cuando entre al banco, por lo general encontrará un área en la que la gente espera para pasar con el **next available teller** (nekst a-*vail-a-bul te*-ler; siguiente cajero disponible). Fórmese. Cuando sea su turno, el cajero dirá algo como:

- ✔ **Next!** (nekst; ¡Siguiente!)
- ✔ **May I help you?** (mei ai jelp iu; ¿Lo puedo ayudar?)
- ✔ **I can help you down here.** (ai can jelp iu daun *ji*-ar; Aquí lo puedo ayudar.)

Acérquese y explique lo que necesita. Las siguientes expresiones deberán cubrir la mayoría de sus necesidades bancarias:

- ✔ **I'd like to cash some traveler's checks.** (aid laik tu cach som *tra*-vel-ers cheks; Quisiera cambiar unos cheques de viajero.)
- ✔ **I need to cash a check.** (ai *ni*-id tu cach ei chek; Necesito cambiar un cheque).
- ✔ **I want to make a deposit.** (ai uiant tu meik ei di-*po*-sit; Quiero hacer un depósito).
- ✔ **I'd like to open an account.** (aid laik tu o-*pen* an a-*caunt*; Quisiera abrir una cuenta).

Palabras para recordar

cash a check	(cach ei chek)	cambiar un cheque
open an account	(o-pen an a-caunt)	abrir una cuenta
make a deposit	(meik ei di-po-sit)	hacer un depósito
teller	(te-ler)	cajero
traveler's checks	(tra-vel-ers cheks)	cheques de viajero
receipt	(ri-ci-it)	recibo

Usando el cajero automático

Los automated teller machines (o-to-ma-ted te-ler ma-*chins*; cajeros automáticos) o **ATMs** (*ei*-ti-ems) abundan en los Estados Unidos.

Esta es una lista de lo que puede ver en la pantalla de un cajero automático, paso a paso, y cómo interpretarlo. (***Nota:*** Puede que los textos varíen, pero esta lista le da una idea general de lo que va a encontrar.)

1. **Please insert your card.** (*pli*-is in-*sert* ior card; Por favor, introduzca su tarjeta.)

   En este momento, si la máquina es bilingüe, tendrá la opción de escoger otro idioma.

2. **Enter your PIN (or secret code) and then press Enter.** (*en*-ter ior pin o *si*-cret coud and den pres *en*-ter; Teclee su NIP (o clave) y presione Continuar.)

3. **Choose the type of transaction that you want to make.** (*chu*-us da taip of trans-*ac*-chion dat iu uiant tu maik; Seleccione el tipo de operación que quiere realizar.) Por ejemplo: **withdraw cash** (*uiz*-drau cach; retiro de efectivo), **deposit** (di-*po*-sit; depósito), **account balance** (a-*caunt ba*-lans; saldo), o **transfer/electronic payment** (*trans*-fer i-lec-*tro*-nic *pei*-ment; transferencia/pago electrónico). Si selecciona **withdraw cash,** le preguntará de dónde quiere hacer el retiro: **your checking account** (ior chek-*ing* a-*count*; su cuenta de cheques), **savings account** (sei-vings a-*count*; cuenta de ahorro), o **credit card** (*cre*-dit card; tarjeta de crédito).

4. Después de seleccionar o teclear una cantidad, verá las siguientes frases **in order** (in *or*-der; en orden): **You entered $200.00. Is that correct? Yes or No?** (iu *en*-terd tu *hun*-dred *do*-lars is dat co-*rect* ies or nou; Seleccionó $200.00. ¿Es correcto? ¿Sí o No?) **Your request is being processed** (ior ri-*kuest* is *bi*-ing *pro*-cest; Su orden está siendo procesada). **Please remove your cash** (*pli*-is ri-*mu*-uv ior cach; Por favor retire su efectivo). **Would you like another transaction? Yes or No?** (*u*-ud iu laik a-*no*-der trans-*ac*-chion ies or nou; ¿Quiere realizar otra operación?) **Please remove your card and receipt** (*pli*-is ri-*mu*-uv ior card and ri-*ci*-it; Por favor retire su tarjeta y su recibo).

Palabras para recordar

to choose	(tu *chu*-us)	seleccionar
to enter	(tu *en*-ter)	continuar
to remove	(tu ri-*mu*-uv)	retirar
to press	(tu pres)	oprimir
to withdraw	(tu *uiz*-drau)	retirar (sacar dinero)
card	(card)	tarjeta
cash	(cach)	efectivo
checking	(chek-*ing*)	de cheques
savings	(*sei*-vings)	ahorros
balance	(*ba*-lans)	saldo

¡Cárguelo a mi cuenta!: Usando tarjetas de crédito

Las tarjetas de crédito (o débito) facilitan la vida y los viajes. Las siguientes frases lo ayudarán a conocer los tipos de pago que puede utilizar:

- **Do you take credit cards?** (du iu teik *cre*-dit cards; ¿Acepta tarjetas de crédito?)

- **Can I use my bank card?** (can ai ius mai bank card; ¿Puedo usar la tarjeta de mi banco?)

- **May I write a check?** (mei ai rait ei chek; ¿Puedo hacer un cheque?)

- **May I pay with cash?** (mei ai pei uiz cach; ¿Puedo pagar en efectivo?)

Cuando el dependiente o el cajero le pregunte cómo va a hacer su pago, conteste usando las preposiciones **by** (bai; por) o **with** (uiz; con). Estas preposiciones conectan la palabra **pay** (pei; pago) con la forma de pago. Observe estos ejemplos de formas de pago:

> ✔ **I'll pay by check.** (ail pei bai chek; Voy a pagar con cheque)
>
> **. . . by credit card.** (bai credit card; con tarjeta de crédito)
>
> ✔ **I'll pay with a check.** (ail pai uiz ei chek; Voy a pagar con un cheque)
>
> **. . . with a credit card.** (uiz ei credit card; con una tarjeta de crédito)
>
> **. . . with cash.** (uiz cach; con efectivo)

Nota: También puede decir **I'll pay in cash** (Ail pe en cach; Voy a pagar en efectivo) — pero por lo general no **by cash** (bai cach; por efectivo).

Capítulo 4

Haciendo Nuevos Amigos y Conversando de Manera Informal

· ·

En Este Capítulo

▶ Para decir hola y adiós

▶ Presentaciones formales e informales

▶ Aprenda algo más sobre los nombres americanos

▶ Para describir a una persona

▶ Hablando del clima

▶ Sobre la familia

▶ Para evitar temas delicados

· ·

*E*n este capítulo, le doy frases simples que lo pueden ayudar a presentarse y a conocer un poco más a alguien. Así como a presentar a sus amigos; a describir a una persona; y cómo **chat** (chat; conversar) sobre temas comunes (como el clima, intereses, familia, etc.).

Saludos

Siempre puede saludar a alguien con un simple **Hello** (*je-lou*; hola) o **Hi** (*jai*; hola), o puede usar una frase que vaya más acorde con la situación. Por ejemplo:

✔ **Good morning** (gud *mor*-ning; buenos días):
Lo puede decir en cualquier momento antes del
medio día.

✔ **Good afternoon** (gud af-ter *nu*-un; buenas
tardes): Lo puede decir desde el medio día
hasta más o menos las 5 p.m. — antes de que
anochezca.

✔ **Good evening** (gud *i*-ven-ing; buenas noches):
Lo puede decir después de las 5 ó 6 p.m. y en
cualquier momento después de que anochezca.

Good night (gud nait; buenas noches) no es
un saludo (ni siquiera ya muy entrada la
noche). Es una expresión para decir **goodbye** (gud-*bai*; adiós) ya que anocheció. Si se
conoce a alguien y lo saluda con **good night,**
dirá, "¿Qué? ¿Ya te vas tan rápido? ¡Pero si
acabas de llegar!"

Para preguntar "¿Cómo estás?"

Después (o algunas veces en lugar de) decir **hello,**
con frecuencia la gente pregunta **How are you?** (jau
ar iu; ¿Cómo estás?). En la siguiente lista encontrará
algunos saludos usuales y la forma de contestar.
Fíjese que el primer saludo es muy formal; los demás
son más informales.

How are you doing? (jau ar iu *du*-ing; ¿Cómo se encuentra?)	**Very well, thank you. And how are you?** (ve-ri uel zank iu and jau ar iu; Muy bien, gracias. ¿Y usted?)
How are you? (jau ar iu; ¿Cómo estás?)	**Not bad. What about you?** (not bad juat a-bout iu; Nada mal. ¿Y tú, qué tal?)
How's it going? (jaus it *go*-ing; ¿Cómo te va?)	**Great. How about you?** (greit jau a-bout iu; Muy bien. ¿Y a ti?)
How are things? (jau ar zings; ¿Cómo van las cosas?)	**Fine. And you?** (fain and iu; Bien. ¿Y para ti?)

Cuando diga **How about you?**, enfatice la palabra **you** al pronunciarla (acentuando). Y cuando diga **And you?**, pronuncie **you** elevando la entonación al final. Por otro lado, cuando diga **How about you?** o **What about you?**, pronuncie **you** con una ligera elevación y disminúyala hacia el final. (Consulte el Capítulo 1 para tener más información sobre pronunciación, acentuación y entonación.)

El saludo **How are you doing?** significa lo mismo que **How are you?**, así que puede contestar ambas preguntas de la misma forma. Y recuerde que **How are you doing?** es diferente de **What are you doing?** (juat ar iu *du*-ing; ¿Qué estás haciendo?). Muy pocas personas se encuentran a alguien en la calle y le dicen **Hi. What are you doing?** porque la respuesta es obvia: "¡Pues estoy caminando en la calle!"

Sin importar lo bien o lo mal que se sienta, cuando alguien pregunta **How are you?**, la respuesta más apropiada es **I'm fine, thanks. And you?** (aim fain zanks and iu; Estoy bien, gracias, ¿Y tú?). Casi todo el mundo contesta así, especialmente en situaciones más formales con extraños y personas que acaba de conocer. Por supuesto que con amigos, e incluso, compañeros de trabajo, la gente dice, por lo general ¡cómo se siente en verdad! Por ejemplo:

- ✔ **terrific** (ter-*ri*-fic; excelente)
- ✔ **fantastic** (fan-*tas*-tic; fantástico)
- ✔ **wonderful** (*uan*-der-ful; maravilloso)
- ✔ **okay** (ou-*kei*; bien)
- ✔ **so-so** (*so-so*; más o menos)
- ✔ **not so good** (not so gud; no muy bien)
- ✔ **terrible** (*ter*-ri-bul; terrible)

Algunos saludos informales

Mucha gente usa saludos **slang** (slang; frase informal, lenguaje popular, jerga). La siguiente lista le muestra algunas versiones informales de **How are you?**, junto con algunas posibles respuestas. El último ejemplo es una frase muy informal pero de mucha actualidad usada por la gente joven.

What's up?	**Not much. What's up with you?**
(uats up;	(not moch uats up uiz iu;
¿Qué onda?)	No mucho. ¿Qué onda contigo?)
What's happening?	**Nothing much. How about you?**
(uats *jap*-en-ing;	(*no*-zing moch jau a-*baut* iu;
¿Qué pasa?)	No mucho. ¿Y tú?)
What's going on?	**Not much. You?**
(uats *go*-ing on;	(not moch iu;
¿Qué pasa?)	No mucho. ¿Y tú?)
Wassup?	**Hey.**
(*was*-sop;	(jei;
¿Quiubo?)	Eh.)

Saludos como **What's up?** y **What's going on?** significan lo mismo que **What are you doing?** Puede contestar estas preguntas diciendo lo que hace en ese momento, como **I'm studying** (aim *stu*-di-ing; Estoy estudiando) o **I'm waiting for a friend** (aim *ueit*-ting for ei frend; Estoy esperando a un amigo). Pero, con frecuencia la gente responde a preguntas como **What's up?** con **Not much** (not moch; No mucho) o **Nothing much** (*no*-zing moch; No mucho). A continuación puede que digan lo que en realidad están haciendo.

Despedidas

Cuando es tiempo de decir adiós y retirarse, hay varias formas con las que puede terminar una conversación cortésmente antes de irse. Estos son algunos ejemplos:

- ✔ **I've got to go now.** (aiv got tu *go*-u nau; Tengo que irme.)

- ✔ **I'd better go.** (aid bet-ter *go*-u ; Es mejor que me vaya.)

- ✔ **It was nice talking to you.** (it uas nais *tak*-ing tu iu; Me dio gusto hablar contigo.)

Y, a continuación, diga:

- ✔ **Goodbye.** (gud-*bai*; Adiós)
- ✔ **Bye.** (bai; Adiós)
- ✔ **So long.** (*so*-u long; Hasta luego)
- ✔ **See you later.** (*si*-i iu *lei*-ter; Nos vemos)

Presentaciones

Antes de decir **It's nice to meet you** (its nais tu *mi*-it iu; Gusto en conocerte), necesita que lo presenten. Así que, en esta sección, hablaremos sobre las presentaciones (formales e informales). Y si no hay nadie que lo presente, le voy a enseñar cómo hacerlo usted mismo.

Presentándose usted mismo

Ya sea en una fiesta o en una reunión de trabajo, necesita poder presentarse usted mismo. Estas son dos formas muy sencillas de hacerlo:

- ✔ **Hi. I'm . . .** (ji aim; Hola. Soy . . .)
- ✔ **Hello. My name is . . .** (*je*-lou mai neim is; Hola. Mi nombre es . . .)

En el caso de que la situación requiera una introducción más formal, puede decir:

- ✔ **I'd like to introduce myself. I'm . . .** (aid laik tu in-tro-*dus* mai-*self* aim; Quisiera presentarme. Mi nombre es . . .)
- ✔ **I don't think we've met. I'm . . .** (ai dont zink uiv met aim; No creo que nos conozcamos. Mi nombre es . . .)

Por lo general, la otra persona responde con su nombre. Si no es así, puede seguir la frase con: **And what's your name?** (and uats ior neim; ¿Y cuál es su nombre?).

Cuando alguien dice **It's nice to meet you** (its nais tu *mi*-it iu; Gusto en conocerlo/la), solo repita la respuesta y agregue la palabra **too** (*tu*-u; también), de la siguiente manera: **It's nice to meet you, too.** Una respuesta informal todavía más sencilla es: **Same here** (seim *ji*-ar; Igualmente).

Formal o informal, no diga **Me, too** (mi *tu*-u; Yo también) cuando alguien dice **It's nice to meet you,** porque significa "Yo también pienso que es muy agradable conocerme." Es una respuesta chistosa, ¡pero no es lo que quería decir!

Presentando a otros

Habrá ocasiones en las que tenga que presentar a sus familiares o amigos a otras personas. Estas presentaciones son informales pero corteses:

- **This is _____.** (dis is; Él/Ella es)
- **Meet my friend _____.** (*mi*-it mai frend; Te presento a mi amigo/a)

Y cuando sea necesario ser más formal, puede usar una de las siguientes frases:

- **Please let me introduce _____.** (*pli*-is let mi in-tro-*du*-us; Por favor, permítame presentarle)
- **I'd like you to meet _____.** (aid laik iu tu *mi*-it; Me gustaría presentarle a)

Algunas veces, la gente a la que está presentando ya se conoce. Si no está seguro, puede decir:

- **Have you met _____?** (jav iu met; ¿Ya conoces a . . . ?)
- **Do you know _____?** (du iu *no*-u; ¿Conoces a . . . ?)

Palabras para recordar

introduce	(in-tro-du-us)	presentar
let me introduce	(let mi tro-du-us)	permítame/ teme presentarle/ te
to meet	(tu mit)	conocer
introduction	(in-tro-duk-chion)	presentación

¿Qué Hay Detrás de un Nombre?

Los nombres son importantes, por eso esta sección habla de cómo preguntar el nombre de alguien y cómo dar el propio, cómo usar nombres y títulos de acuerdo a lo formal de la situación, y un poco de cómo los estadounidenses reciben sus nombres.

Nombrando nombres

Parece que hay muchos términos para los nombres en los Estados Unidos. Por ejemplo, cuando se llena una forma, ésta pide tres nombres: el nombre, el segundo nombre (o la inicial) y el apellido. Pero no se angustie; los siguientes consejos le van a ayudar a entender esto:

✔ El **first name** (furst naim; primer nombre), también conocido como **given name,** se dice primero (¡obvio!). Estos nombres los escogen, normalmente los padres u otros miembros de la familia. Algunos nombres tienen una forma larga y una corta como en Katherine y Kathy o Kate. Muchos de los nombres estadounidenses provienen de la Biblia, por lo que a veces escuchará el término **Christian name** (kris-chion neim; nombre cristiano).

✔ No todos tienen un **middle name** (*mi*-del neim; segundo nombre), pero es muy común. También los padres o alguien más escogen este nombre. Algunas veces es el nombre de un antepasado o un apellido. La mayoría de la gente usa este nombre o inicial solo para asuntos oficiales.

✔ El **last name** (last neim; apellido) es lo mismo que **family name** o **surname.** Cuando se presente, diga primero su nombre y luego su apellido.

✔ Ese nombrecito que usaba su familia para llamarlo cuando era niño, es un **nickname** (*nik*-neim; apodo). Algunas veces el apodo se forma agregando una **–y** o **–ie** al final a los nombres como **Joanie** o **Joshy.** Para tener un tema divertido de conversación, pregunte: **Do you have a nickname?** (du ui jav ei *nik*-neim; ¿Tienes un apodo?).

Utilice las siguientes expresiones para identificarse y hablar de nombres:

✔ **My first name is** _____. (mai ferst neim is; Mi nombre es. . . .)

✔ **My middle name is** _____. (mai *mid*-del neim is; Mi segundo nombre es. . . .)

✔ **My last name is** _____. (mai last neim is; Mi apellido es. . . .)

✔ **My maiden name is** _____. (mai *mei*-den neim is; Mi apellido de soltera es. . . .)

✔ **My son's name is** _____. (mai sons neim is; El nombre de mi hijo es. . . .)

✔ **I call my son** _____. (ai col mai son; Llamo a mi hijo. . . .)

✔ **It's short for** _____. (its chort for; Es el diminutivo de. . . .)

✔ **I'm named after** _____. (aim nemd *af*-ter; Mi nombre proviene de. . . .)

Títulos y términos respetuosos

En la sociedad estadounidense se utiliza solo el nombre para presentarse y referirse a las personas en un ambiente informal. Por ejemplo, en el trabajo o en el salón de clases el jefe o el instructor puede decir **You can call me by my first name** (iu can col mi bai mai furst neim; Me puedes llamar por mi nombre).

Cuando la situación requiere un poco más de formalidad, los títulos de cortesía de la Tabla 4-1 son muy útiles y comunes.

Tabla 4-1	Títulos de Cortesía
Título	*Abreviación*
Ms. (mis; genérico para mujer)	Ms.
Mister (mister; Señor)	Mr.
Miss (mis; Señorita)	Miss
Missus (*mis*-us; Señora)	Mrs.
Doctor (*doc*-tor; Doctor)	Dr.
Professor (pro-*fes*-sor; Profesor)	Prof.

Descripciones de Personas — Bajo, Alto, Grande, y Pequeño

Si necesita decir a alguien cómo reconocerlo en el aeropuerto o si necesita describir las virtudes físicas de su amada(o), es útil conocer algunas palabras descriptivas para que su interlocutor "capte la imagen." Estas son algunas palabras que lo ayudarán a describir a otras personas y a usted mismo:

- **petite** (pe-*tit*; pequeño)
- **small** (smol; chico)
- **thin** (zin; delgado)
- **skinny** (*skin*-ni; flaco)
- **average** (a-*ver*-ich; promedio, común)
- **medium build** (*mi*-dium bild; complexión mediana)
- **big** (big; grande)
- **large** (larch; grande)
- **heavy** (*je*-vi; pesado)

Se considera grosero y de poco tacto referirse a alguien de complexión muy gruesa como **fat** (fat; gordo) o **chubby** (*cho*-bi; rechoncho). Las palabras propicias son **large** o **heavy**. También tenga en cuenta que está bien usar adjetivos como **thin** y **slender** (slen-der; esbelta) pero **skinny** no es muy halagador.

Los ojos y el cabello

Las siguientes palabras lo ayudarán a describir el color del cabello de alguien.

- **black** (blak; negro)
- **brown** (braun; café o castaño)
- **red** (red; pelirrojo)
- **blond** (blond; rubio)
- **strawberry blond** (stra-be-ri blond; rubio rojizo)
- **gray** (grei; cano o gris)
- **white** (uait; blanco)

Puede utilizar estas palabras para describir el tipo de pelo de alguien:

- **straight** (streti; lacio)
- **wavy** (*ue*-vi; ondulado)

> ✔ **curly** (*ker*-li; chino o rizado)
>
> ✔ **kinky** (*kin-ki; crespo*, grifo)
>
> ✔ **balding/bald** (*bal*-ding/bald; calvo)

Sí, sí, tiene razón, la última palabra no describe el tipo de pelo sino la ausencia de éste.

Si está describiendo el color de ojos de alguien, use estos términos:

> ✔ **black** (blak; negros)
>
> ✔ **brown** (braun; café)
>
> ✔ **hazel** (*jei*-sel; café claro o castaños)
>
> ✔ **green** (*gri*-in; verdes)
>
> ✔ **blue** (blu; azules)

Estas son algunas palabras para describir las señas particulares de una persona:

> ✔ **beard** (*bi*-ard; barba)
>
> ✔ **freckles** (*fre*-kels; pecas)
>
> ✔ **tattoo** (ta-*tu*-u; tatuaje)
>
> ✔ **mustache** (*mus*-tach; bigote)
>
> ✔ **glasses** (*glas*-es; lentes)
>
> ✔ **piercing** (*pi*-ar-sing; perforaciones corporales)

Alcanzando nuevas alturas

Seguramente conoce su **height** (jait; estatura) en metros (porque es muy probable que su país utilice el sistema métrico decimal). Sin embargo, los estadounidenses no usan este sistema, por lo que tendrá que convertir su estatura a **feet** (*fi*-it; pies) e **inches** (*in*-ches; pulgadas).

Estas son algunas formas para expresar la estatura:

✔ **I'm five feet, ten inches.** (aim faiv *fi*-it ten *in*-ches; Mido cinco pies y diez pulgadas)

✔ **I'm five feet, ten.** (aim faiv *fi*-it ten; Mido cinco pies, diez)

✔ **I'm five, ten.** (aim faiv ten; Mido cinco, diez)

Palabras para recordar

size	(sais)	tamaño, talla
shape	(cheip)	forma, figura
height	(jait)	estatura
weight	(güeit)	peso
feet	(fit)	pies
inches	(inch-*es*)	pulgadas

Jóvenes y viejos

Aunque no es cortés preguntar la edad a alguien, la gente tiene que hablar de ella en algunas situaciones. Pero discutir sobre la edad con sus **peers** (*pi*-ars; compañeros, contemporáneos) — gente de la misma edad o etapa de la vida que usted — no está mal visto. Por supuesto preguntar la edad a los niños es aceptable, ¡de hecho les encanta decirla! Si quiere hablar de la edad de alguien, puede decir:

✔ **How old are you?** (jau old ar iu; ¿Qué edad tienes?)

✔ **May I ask your age?** (mei ai ask ior eich; ¿Puedo preguntarte tu edad?)

Y éstas son algunas de las formas en que puede expresar la edad de alguien o la propia:

- ✔ **I'm thirty years old.** (aim *zir*-ti *lli*-ars old; Tengo treinta años)

- ✔ **She's a five-year-old.** (*chi*-is ei faiv *lli*-ar old; Ella tiene cinco años)

- ✔ **He's in his fifties.** (jis in jis *fif*-tis; Él anda en los cincuenta)

En inglés se usa el verbo **to be** (tu bi; ser o estar) para expresar la edad — no el verbo **to have** (tu jav; tener) como en varios otros idiomas. Los estadounidenses no dicen **have years** (jav *lli*-ars; tengo años); dicen **I am ____ years old** (ai am ____ lli-ars old; Soy ____ años).

Si no necesita o no sabe la edad exacta, puede usar un término general que describa un rango de edad. Observe los siguientes términos y sus significados:

- ✔ **infant** (in-fant; bebé): Un bebé recién nacido.

- ✔ **baby** (*bei*-bi; bebé): Un bebé de 1 ó 2 años.

- ✔ **toddler** (*tod*-ler; niño o niña): Un bebé que está aprendiendo a caminar.

- ✔ **child** (chaild; niño o niña): De dos años en adelante.

- ✔ **adolescent** (a-do-*les*-ent; adolescente): De 12 a 14 años.

- ✔ **teenager** (*ti*-in-eich-er; joven) o **teen** (*ti*-in; jovencito/a): De 13 a 19 años.

- ✔ **young adult** (llong a-*dult*; adulto joven): Alguien que está en sus 20.

- ✔ **adult** (a-*dult*; adulto): Una persona físicamente madura; legalmente es adulto a partir de los 21.

- ✔ **middle age** (*mi-del eich*; persona de mediana edad): Una persona que está entre los 40 y los 50.

✔ **senior** (*si*-nior; mayor, de mayor edad): Alguien mayor de 65.

✔ **elderly person** (*el-der-li per*-son; anciano): Una persona de edad muy avanzada.

Preguntas Sencillas para Romper el Hielo

Después de conocer a alguien, puede continuar la conversación si sabe cómo hacer algunas preguntas sencillas. No olvide que en inglés se usa la misma forma de **you** (iu; tú, usted, ustedes) para ocasiones tanto formales como informales, así como para hablar a una o más personas. Estos son algunos ejemplos:

✔ **Do you speak English?** (du iu *spi*-ik *ing*-lich; ¿Hablas inglés?)

✔ **What kind of work do you do?** (juat kaind of iork du iu du; ¿A qué te dedicas? ¿En qué trabajas?)

✔ **What's your name?** (juats ior neim; ¿Cómo te llamas? ¿Cuál es tu nombre?)

✔ **Where are you from?** (juer ar iu from; ¿De dónde eres?)

Las siguientes preguntas pueden ayudarle a conocer a alguien:

✔ **Are you married?** (ar iu *mer*-rid; ¿Eres casada/o?)

✔ **Do you have children?** (du iu jav *chil*-dren; ¿Tienes hijos?)

✔ **How old are you?** (jau old ar iu; ¿Qué edad tienes?, ¿Cuántos años tienes?)

Puede encontrar más detalles sobre la formación de preguntas con las palabras what, where, how, entre otras, en el Capítulo 2.

Hablando del Clima

El weather (*ue*-der; clima) afecta a todo el mundo, por lo que no es de sorprender que sea uno de los temas más comunes de conversación ligera. Puede hablar del clima, de manera muy sencilla, usando el pronombre **it** (it; lo, la, esto, eso), como en **It is sunny today** (it is *son*-ni tu-*dei*; Hoy está soleado). En esta oración, la palabra **it** no se refiere a un sustantivo en específico; sino a las condiciones generales del clima. Los estadounidenses casi siempre usan la contracción **it's** (its; eso es) para decir **it is.** (Consulte el Capítulo 2 para más detalles sobre cómo formar las contracciones.)

Estos son algunos ejemplos de la contracción **it's** con palabras relativas al clima:

- ✔ **It's hot.** (its jot; Hace mucho calor.)
- ✔ **It's cold.** (its cold; Hace frío.)
- ✔ **It's warm.** (its uarm; Hace calor.)
- ✔ **It's dry.** (its drai; Está seco.)
- ✔ **It's raining.** (its *rein*-ing; Está lloviendo.)
- ✔ **It's snowing.** (its *snou*-ing; Está nevando.)
- ✔ **It's windy.** (its *uin*-di; Hace viento.)
- ✔ **It's humid.** (its *ju-mid*; Está húmedo.)
- ✔ **It's cloudy.** (its *clau*-di; Está nublado.)
- ✔ **It's sunny.** (its *son*-ni; Está soleado.)

Si quiere hablar del clima en el pasado o en futuro, siga estos consejos:

- ✔ Para el clima de ayer utilice el verbo **was** (uas; hizo), que es el pasado singular del verbo **to be.** For example: **It was cold yesterday** (it uas cold *ies*-ter-dei; Hizo frío ayer).
- ✔ Para el clima de mañana, use el verbo **will be** (uil bi; será, estará), que es el futuro del verbo **to be.** Por ejemplo: **It will be cloudy tomorrow** (Mañana estará nublado).

> Cuando se habla del clima en el futuro, la gente, por lo general, dice **I hope . . .** (ai joup; espero) o **It might . . .** (it mait; Tal vez, quizá), porque nadie está completamente seguro sobre el clima de mañana — ¡ni siquiera los climatólogos o los síquicos!

Estas son algunas frases "de introducción" (y sus respuestas) que se usan comúnmente para iniciar una conversación acerca del clima:

It's a beautiful day, isn't it?	**Yes, it is!**
(its ei *biu*-ti-ful dei *is*-ent it;	(ies it is;
Es un día hermoso, ¿no crees?)	¡Sí lo es!)
It sure is hot today, isn't it?	**It sure is!**
(it chr is jot tu-*dei is*-ent it;	(it chur is;
Hace mucho calor hoy, ¿no?)	¡Seguro que sí!)
Nice weather, don't you think?	**Yes, I do.**
(Qué agradable clima,	(ies ai du;
¿no crees?)	¡Sí que lo es!)

Estos tipos de frases introductorias por lo general terminan con una pregunta corta que sigue a la oración principal. Si quiere intentar formar una de estas preguntas, recuerde que cuando la oración principal es afirmativa: **It's a nice day . . .** (its ei nais dei; Es un bonito día), la pregunta corta debe ser negativa: **. . . isn't it?** (*is*-ent it; ¿No?). Por otro lado, si la oración principal es negativa: **It's not very warm . . .** (its not *ve*-ri uarm; No hace mucho calor), la pregunta es afirmativa: **. . . is it?** (is it; ¿verdad?).

Para Mantener Viva la Conversación

El clima es un tema formidable para entablar una conversación, pero después de un rato, se quiere hablar de cosas más interesantes como la familia, el trabajo,

los pasatiempos, y los acontecimientos actuales —
siempre y cuando mantenga un tono informal. La siguiente sección está dedicada a los temas más comunes
de plática ligera para los estadounidenses.

¿Dónde vives?

Inmediatamente después de conocer a alguien, lo más
común es que le pregunte dónde vive: Estas son las
frases en inglés:

> ✔ **Where do you live?** (juer du iu liv: ¿Dónde
> vives?)
>
> ✔ **What's your address?** (juats ior *ad*-dres; ¿Cuál
> es tu dirección?)
>
> ✔ **Can I have your phone number?** (can ai jav ior
> fon *nom*-ber; ¿Me puedes dar tu teléfono?)

Al responder, puede usar una de estas frases:

> ✔ **I live in Dallas, Texas.** (ai liv in *dal*-las *teks*-as;
> Vivo en Dallas, Texas)
>
> ✔ **I live in an apartment.** (ai liv in an a-*part*-ment;
> Vivo en un departamento)
>
> ✔ **I live at 20 Forest Road.** (ai liv at *twen*-ti *for*-est
> roud; Vivo en Forest Road 20)

Hoy en día la gente da con mayor frecuencia su dirección de correo electrónico (e-mail) que la dirección
de su casa. Cuando se da una dirección electrónica en
inglés el símbolo @ se conoce como **at** (at; arroba) y
el punto como **dot** (dat; punto).

Hablemos de negocios: El trabajo y la escuela

El trabajo y la escuela consumen la mayor parte del
tiempo de una persona, por lo que son temas comunes
de conversación. Esta es la manera de hacer preguntas
en inglés sobre estos temas:

- ✔ **What kind of work do you do?** (juat kaind of uork du iu du; ¿En que trabajas?)
- ✔ **Where do you work?** (juer du iu uork; ¿Dónde trabajas?)
- ✔ **What school are you going to?** (juat *sku*-ul ar iu *go*-ing tu; ¿A qué escuela vas?)
- ✔ **What are you studying?** (juat ar iu *sto*-di-ing; ¿Qué estudias?)

Cuando hable de su profesión, puede decir **I'm a teacher** (aim ei ti-cher; Soy profesor) o **She is an artist** (chi is an ar-tist; Ella es artista). Utilice los artículos **a** o **an**. (Para conocer los nombres de las diferentes profesiones, consulte el Capítulo 8.)

Palabras para recordar

address	(a-dres)	dirección
phone number	(fon-num-ber)	número de teléfono
to live	(tu liv)	vivir
to work	(tu uork)	trabajar
to study	(tu sto-di)	estudiar
school	(sku-ul)	escuela

Gustos y preferencias

La frase **Do you like . . . ?** (du iu laik; ¿Te gusta . . . ?) es una pregunta simple y útil para entablar una conversación sobre sus gustos, preferencias, tipos de música favoritos, etc. Observe las siguientes preguntas y respuestas:

Do you like jazz? (du iu laik llas; ¿Te gusta el jazz?)	**Yes, I do.** (ies ai du; Sí me gusta.)
Do you like computer games? (du iu laik *com*-piu-ter gaims; ¿Te gustan los juegos de computadora?)	**No, not much.** (nou not moch; No, no mucho.)
Do you like cats? (du iu laik cats; ¿Te gustan los gatos?)	**Not really. I prefer dogs.** (not *ri*-i-li ai prifer dogs; No realmente, prefiero los perros.)

Otra pregunta fácil para seguir la conversación es
How do you like . . . ? (jau du iu laik; ¿Qué te parece?).
Esta pregunta se refiere a la opinión o lo que piensa
acerca de algo, en tanto que la pregunta **Do you
like . . . ?** sólo requiere un sí o no como respuesta.
Observe las siguientes preguntas y sus respuestas:

How do you like this town? (jau du iu laik dis taun; ¿Qué te parece este pueblo?)	**I like it. It's great!** (ai laik it its gre-it; Me gusta. ¡Es maravilloso!)
How do you like your psychology class? (jau du iu laik ior sai-*co*-lo- lli clas; ¿Qué te parece la clase de psicología?)	**It's interesting.** (its *in*-tres-ting; Es interesante.)
How do you like my haircut? (jau du iu laik mai jeircot; ¿Qué te parece mi corte de pelo?)	**Hmm. It's very short.** (jm its *ve*-ri chort ; Está muy corto.)

¿Todavía no puede hablar mucho inglés, pero quiere
poder entablar una conversación sencilla? Aquí le va
un truco muy fácil: Cuando alguien le haga una pregunta, dé su respuesta y luego regrese la pregunta
con una de estas frases:

✔ **And you?** (and iu; ¿Y tú?)

✔ **How about you?** (jau a-*bout* iu; ¿Y tú?)

✔ **What about you?** (juat a-*bout* iu; ¿Y tú?)

Aquí están algunas preguntas y respuestas para que practique:

Are you a student? (ar iu ei *stu-dent*; ¿Eres estudiante?)	**Yes, I am. What about you?** (ies ai am juat a-*bout* iu; Sí, ¿y tú?)
Do you have any pets? (du iu jav *e*-ni pets; ¿Tienes mascotas?)	**Yes, two cats. How about you?** (ies tu cats jau a-*bout* iu; Si, dos gatos. ¿Y tú?)

La Familia

A la mayoría de la gente le gusta hablar de su **family** (*fa*-mi-li; familia). Estas son algunas palabras para iniciarlo en el tema:

✔ **mom** (mom; mamá)

✔ **dad** (dad; papá)

✔ **parents** (*par*-ents; padres)

✔ **children/kids** (*chil-dren*/kids; hijos/niños)

✔ **daughter** (*do*-ter; hija)

✔ **son** (son; hijo)

✔ **sister** (*sis*-ter; hermana)

✔ **brother** (*bro*-der; hermano)

✔ **siblings** (*sib*-lings; hermanos)

Y estos son los nombres de otros **relatives** (re-la-tivs; familiares, parientes):

✔ **aunt** (ant; tía)

✔ **uncle** (*on*-kel; tío)

- cousin (co-sin; primo, prima)
- niece (*ni-is*; sobrina)
- nephew (*ne-fiu*; sobrino)
- grandmother (*grand*-mo-der; abuela)
- grandfather (*grand*-fa-der; abuelo)
- stepmom (*step*-mom; madrastra)
- stepdad (*step*-dad; padrastro)
- stepdaughter (*step do*-ter; hijastra)
- stepson (*step* son; hijastro)

Hablar de la familia es fácil si conoce unas preguntas sencillas. A la gente que acaba de conocer puede preguntarle:

- Do you have any children? (du iu jav *e*-ni *chil-dren*; ¿Tienes hijos?)
- Where does your family live? (juer dous iur *fa*-mi-li liv; ¿Dónde vive tu familia?)

A la gente que ya conoce puede preguntarle:

- How are your parents? (jau ar ior *par*-ents; ¿Cómo están tus papás?)
- How's your husband? (jau is ior *jos*-band; ¿Cómo está tu esposo?)
- How's your wife? (jau is ior uaif; ¿Cómo está tu esposa?)
- How old are your children now? (jau old ar ior *chil*-dren nau; ¿Cuántos años tienen tus hijos?)

Si escucha que la gente habla de los **in-laws** (in los; suegros), no se refieren a las leyes o a los abogados de actualidad. Están hablando de los suegros. Los padres de su esposa son su **mother-in-law** (*mo*-der in lo; suegra) y su **father-in-law** (*fa*-der in lo; suegro). Eso la hace la **daughter-in-law** (*do*-ter in lo; nuera) o el **son-in-law** (son in lo; yerno).

Capítulo 5

A Disfrutar de Buena Comida y Bebida

· ·

En Este Capítulo

▶ Vocabulario de comida y restaurantes

▶ Para hacer una reservación

▶ Comprensión del menú

▶ Para ordenar comida y bebidas

· ·

*C*uando se piensa en la mejor comida del mundo, los países angloparlantes no sobresalen en la lista. De hecho, es cuestionable si la palabra *alta cocina* puede aplicarse a la comida que llamaríamos *típica* de los Estados Unidos, como hamburguesas, hot dogs, papas fritas y pizza congelada. (Sí, la pizza es italiana, pero la congelada es ¡puramente americana!)

Sin embargo, el país ofrece mucho más que **fast food** (fast fud; comida rápida). Gente de todas partes del mundo ha traído sus sabores y tradiciones, influenciando cocinas regionales como la **Cajun** (*kei*-llon; comida típica de Louisiana con influencia francesa) y **Tex-Mex** (teks-*meks*; comida típica de Texas con influencia mexicana). Continúe leyendo para descubrir algunas expresiones relacionadas con la comida que le ayudarán a seleccionar y a ordenar en los Estados Unidos. Y sí, hablaré un poco sobre la comida rápida. Así es que, ¡pasemos a la mesa!

Para Expresar el Hambre y la Sed

Cuando su estómago le dice que es hora de comer, o cuando tiene que saciar la sed, estas expresiones le ayudarán a conseguir algo de **eat** (*i*-it; comer) o **drink** (drink; beber):

✔ **I'm hungry** (aim *jon*-gri; Tengo hambre).

✔ **I'm thirsty** (aim *zurs*-ti; Tengo sed).

✔ **Let's eat** (lets *i*-it; Comamos).

I'm hungry es una expresión directa y sin rodeos — ¡quiere comer! Pero existen muchas expresiones idiomáticas y exageraciones cuando se trata de expresar que tiene hambre. Estas son otras formas de decir que tiene mucha hambre:

✔ **I'm so hungry, I could eat a horse!** (aim sou *jon*-gri ai cud *i*-it ei hors; ¡Tengo tanta hambre que me podría comer un caballo!)

✔ **I'm starving** (aim es-tar-ving; ¡Me muero de hambre!).

✔ **I'm famished** (aim fa-mishd; ¡Me muero de hambre!).

Las Tres Comidas

En los Estados Unidos, la hora de la comida es un momento social para pasar un buen rato y disfrutar de la compañía de los comensales — a menos que tenga que salir corriendo al trabajo o tenga un horario de comida muy corto. Aunque el actual estilo de vida acelerado está cambiando la forma en que mucha gente come, tres comidas al día sigue siendo la norma para la mayoría de los estadounidenses. La siguiente sección habla sobre las comidas del día. ¿Ya le dio hambre?

¿Qué hay para desayunar?

Cuando tiene hambre en la mañana puede preguntar **What's for breakfast?** (juats for *brek-fast*; ¿Qué hay para desayunar?). La palabra desayuno en inglés literalmente significa **to break the fast** (tu breik da fast; Romper el ayuno). La gente toma el desayuno desde muy temprano en la mañana hasta casi el medio día, pero es tan popular que algunos restaurantes anuncian: "¡Se sirven desayunos todo el día!"

Estos son algunos de los alimentos típicos para el desayuno:

- **bacon** (*bei-con*; tocino)
- **cereal** (*ci*-ri-al; cereal)
- **eggs** (eks; huevos)
- **French toast** (french toust; pan francés)
- **pancakes** (*pan*-keiks; panqueques o "hot cakes")
- **sausage** (*so*-seich; salchicha)
- **toast** (toust; pan tostado)
- **waffles** (*ua*-fels; wafles)

Y éstas son algunas bebidas para el desayuno:

- **coffee** (*co*-fi; café)
- **juice** (lluis; jugo)
- **tea** (*ti*-i; té)

A pesar de contar con toda esta variedad, mucha gente sólo desayuna una taza de café y una rebanada de pan tostado durante la semana. Sin embargo, al fin de semana, la gente se levanta tarde y sale a tomar el **brunch** (bronch; combinación de desayuno y almuerzo). El brunch se presenta como un buffet con todos los platillos típicos de desayuno más **omelets** (om-lets; tortillas de huevos) y otros estilos de platillos de huevos, platillos de almuerzo, **fruit** (frut; fruta), **pastries** (*peis*-tris; pastelillos), **muffins** (*mo*-fins; panquecitos), y quizá **champagne** (cham-*pein*; champaña).

¿Qué hay para el almuerzo?

Entre el mediodía y la 1 p.m., es hora de decir **Let's have lunch!** (lets jav lonch; ¡Almorcemos!). La mayoría de la gente detiene todo lo que esté haciendo para salir a comer algo o calentar algo en el microondas de la oficina y luego regresar a trabajar. Pero para algunas personas un almuerzo substancioso es la comida principal del día.

Estos son los platillos típicos del almuerzo:

- ✔ **salad** (*sa*-lad; ensalada)
- ✔ **sandwich** (*sand*-uich; sándwich)
- ✔ **soup** (*su*-up; sopa)
- ✔ **microwaveable meal** (*mai*-crou-uev-a-bel *mi*-il; comida preparada para calentar en el microondas)

Para hablar de comida (por lo general) pueden usarse los verbos **to eat** (tu *i*-it; comer) o **to have** (tu jav; tener). Por ejemplo, **Let's eat lunch** (lets *i*-it lonch; Comamos el almuerzo) y **Let's have lunch** (lets *jav* lonch; Tomemos el almuerzo) ambos tienen el mismo significado. Y puede usar los verbos **to drink** (tu drink; beber) o **to have** cuando se habla de disfrutar una bebida: **I drink coffee every morning** (ai drink *co*-fi *e*-ver-i *mor*-ning; Bebo café todas las mañanas) y **I have coffee every morning** (ai jav *co*-fi *e*-ver-i *mor*-ning; Tomo café todas las mañanas).

¿Qué hay para cenar?

En la noche puede preguntar **What should we have for dinner?** (juat chud ui jav for *di*-ner; ¿Qué cenaremos?). La hora de la cena comienza alrededor de las 5 p.m. o a cualquier hora del atardecer, pero mucha gente cena como a las 6 p.m. Comúnmente ésta es la comida principal del día; puede ser la única en la que esté toda la familia reunida.

Una cena típica incluye un **main course** (mein cors; plato fuerte) como:

- **casserole** (*ca*-se-rol; cacerola, guisado)
- **fish** (fich; pescado)
- **meat** (*mi*-it; carne)
- **pizza** (*pit*-sa; pizza)
- **poultry** (*poul*-tri; pollo o pavo)
- **spaghetti** (spa-*gue-ti*; espagueti)

Y uno o todos de los siguientes **side dishes** (said *di*-ches; guarniciones):

- **bread** (bred; pan)
- **potatoes** (pou-*tei*-tous; papas)
- **rice** (rais; arroz)
- **salad** (*sa*-lad; ensalada)
- **vegetables** (*vech*-ta-buls; verduras)

Consulte el Capítulo 6 para el vocabulario de frutas y verduras.

En algunas regiones del país, por ejemplo algunas áreas del sureste, se hace una comida principal al mediodía y una más ligera — llamada **supper** (*so*-per; merienda) — en la noche. Por supuesto, si le da hambre entre comidas, puede tomar un pequeño **snack** (snack; bocadillo, tentempié).

Cuando **set the table** (set da *tei*-bul; poner la mesa) para la cena, hay elementos básicos que necesita conocer en inglés:

- **silverware** (*sil*-ver-uer; cubiertos): **forks** (forks; tenedores); **knives** (naivs; cuchillos); **spoons** (*spu*-uns; cucharas)
- **dishes** (*di*-ches; vajilla, platos): **bowls** (bouls; platos hondos o tazones), **cups** (cops; tazas), **glasses** (*glas*-es; vasos), **plates** (pleits; platos)

✔ otros artículos: **placemats** (*pleis*-mats; manteles
individuales), **salt and pepper shakers** (salt and
pe-per cheik-ers; salero y pimentero), **tablecloth**
(*tei*-bul cloz; mantel)

Para Comer en un Restaurante

Dining out (dain-ing aut; comer fuera) le ofrece una
infinidad de opciones de comida internacional y la
oportunidad de conocer la comida y la cultura de los
Estados Unidos. Esta sección le permitirá sentirse
confiado, cuando alguien le diga **Let's go out to eat!**
(lets gou aut tu *i*-it; ¡Vamos a comer!).

Incluso durante la semana los restaurantes de moda
pueden estar llenos. Así es que si quiere una mesa,
llame con anticipación y haga una reservación. De
otra manera prepárese para esperar. Esta es una frase
muy importante:

**I'd like to make a reservation for three people
for tomorrow night.** (aid laik tu meik ei re-ser-
vei-chion for zri *pi*-pol for tu-*mo*-rou nait;
Quisiera hacer una reservación para tres personas para mañana en la noche.)

Si no hay un anfitrión o anfitriona, verá un signo que
dice **Please seat yourself** (*plis*-is *si*-it ior-*self*; Por favor
pase a sentarse); pase y siéntese en la mesa que
desee.

En una cafetería o cafecito en los Estados
Unidos, no es aceptable sentarse en una mesa
que esté ocupada (aunque no esté llena),
incluso si es el único lugar disponible. Esta
costumbre quizá parezca un poco ilógica,
pero así es. Algunas excepciones son las
cafeterías de las escuelas y oficinas, en donde
puede preguntar **Is this seat taken?** (is dis sit
tei-ken; ¿Está ocupado este asiento?) cuando
vea que hay un lugar vacío en una mesa.

Palabras para recordar

to seat	(tu si-*it*)	sentarse
to wait	(tu ueit)	esperar
to dine out	(tu dain aut)	comer fuera
to make a reservation	(tu meik ei re-ser-*vei*-chion)	hacer una reservación

Cómo Ordenar del Menú

Escoger algo del menú puede ser toda una aventura. En un restaurante de cocina internacional a lo mejor reconoce algunos platillos, tomados, quizá, de su cultura (aunque probablemente sean muy, muy diferentes). Por otro lado, otros platillos pueden tener nombres muy originales, lo que lo hace imposible saber de qué tipo de comida se trata — a menos que pregunte. Estas son algunas formas para hacerlo, junto con otras preguntas útiles para el momento de ordenar.

> ✔ **Excuse me. What's this?** (eks-*kius* mi juats dis; Disculpe. ¿Qué es esto?)

> ✔ **Can you tell me about this item?** (can iu tel mi *a*-baut dis *ai*-tem; ¿Me puede describir este platillo?)

> ✔ **Which items are vegetarian?** (juich *ai*-tems ar ve-lle-*ter*-i-an; ¿Qué platillos son vegetarianos?)

Con casi todo lo que pida — incluso el plato fuerte — tiene varias opciones, como qué término quiere la carne, el tipo de papa, sopa o ensalada, tipo de aderezo, etc. Estas son algunas de las opciones para que esté preparado y ¡vaya saboreando su comida!

Carne

Algunas de las opciones son:

- **beef** (*bi*-if; res)
- **lamb** (lam; cordero)
- **pork** (pork; puerco)

El mesero puede preguntar **How do you want your meat?** (jau du iu uant ior mi-it; ¿Qué término desea la carne?) para indicar al chef qué tan cocida quiere la carne. Las opciones son:

- **medium** (*mi*-di-om; término medio)
- **rare** (reir; casi cruda)
- **well-done** (uel don; bien cocida)

Si quiere algo intermedio pida **medium-rare** (*mi*-di-om reir; medio cruda) o **medium-well** (*mi*-di-om uel; tres cuartos, o entre cocida y bien cocida).

Papas

Estas son algunas de las opciones para su **potato** (pou-*tei-tou*; papa):

- **baked potato** (beikt pou-*tei-tou*; papa al horno), que se sirve con uno de los siguientes aderezos (aunque si no puede decidir, ¡escoja los tres!): **sour cream** (saur *cri*-im; crema ácida), **butter** (*bo*-ter; mantequilla), o **chives** (chaivs; hojitas de cebollín)
- **french fries** (french frais; papas a la francesa)
- **mashed potatoes** (macht pou-*tei-tous*; puré de papa)

Aderezo para ensalada

Puede pedir que le den a probar un poco si no conoce los siguientes **salad dressings** (*sa*-lad *dres*-sings; aderezos para ensalada):

✔ **blue cheese** (blu *chi*-is; queso Roquefort)

✔ **French** (french; francés)

✔ **Italian** (i-*tal*-ian; italiano)

✔ **ranch** (ranch; ranchero)

✔ **Thousand Island** (zau-*sand ai*-land; Mil islas)

Refrescos o bebidas

El agua en cualquier restaurante de los Estados Unidos es potable. Es muy probable que la selección de bebidas sea muy similar a la de su país. Por ejemplo, puede pedir:

✔ **milk** (milk; leche)

✔ **soda** (*sou*-da; refresco, soda o gaseosa)

✔ **hot coffee or tea** (jot co-*fi*/ti; café o té)

✔ **alcoholic beverages** (al-co-*jo*-lic *bev*-rich-es; bebidas alcohólicas)

Hablando con el mesero

Un mesero experimentado no irá muchas veces a su mesa durante la comida, pero siempre estará alerta por si necesita algo. Si este es el caso, llamar su atención no debe ser muy difícil. Una vez que ha llegado, puede decir **Excuse me. May I please have . . . ?** (eks-*kius* mi mei ai plis jav; Disculpe. ¿Por favor puede traerme . . . ?), seguido por uno o más artículos de esta lista:

✔ **more water** (mor *wa*-ter; más agua)

✔ **some coffee** (som *co*-fi; un poco de café)

✔ **another glass of wine** (a-*no*-der glas of uain; otra copa de vino)

✔ **the check** (da chek; la cuenta)

Listo para el Postre y . . . "La Cuenta por Favor"

Poco después de que termine de comer, el mesero se acercará para retirar los platos y preguntar si quiere café o postre. Si quiere algo dulce al final de la comida, estos **desserts** (de-surts; postres) son para usted:

- ✔ **cake** (keik; pastel)
- ✔ **cookies** (*cuk*-is; galletas)
- ✔ **custard** (*cos*-tard; flan)
- ✔ **ice cream** (ais *cri*-im; helado)
- ✔ **pie** (pai; pay o tarta)
- ✔ **sherbet** (*cher*-bet; nieve)

Cuando ha terminado su postre y su café, el mesero le llevará **the bill** (bil; cuenta) o **the check** (chek; cuenta). Esto es la suma de su comida y bebidas más el **tax** (taks; impuesto). Para evitar pasar por una situación vergonzosa, al hacer la reservación o antes de que se siente, siempre pregunte qué tipo de pago acepta el restaurante. Algunos establecimientos no aceptan cheques personales o tarjetas de crédito.

En los Estados Unidos se espera que se deje una **tip** (tip; propina) o **gratuity** (gra-*tu*-i-ti; propina de cortesía). Se acostumbra dejar entre el 15 y el 20 por ciento del total antes del impuesto. Por supuesto, siempre puede dejar más, en caso de un servicio excelente (o menos si se trata del caso contrario). Si va con un grupo grande de personas, el 15 ó 20 por ciento está incluido de manera automática en la cuenta.

En los restaurantes de los Estados Unidos, las porciones, por lo general, son inmensas. Por lo que no tiene nada de malo pedir que se lo empaquen para llevar o pedir que le den una **doggie bag** (*do*-gui bag; bolsita del perro), incluso en los restaurantes muy elegantes. En algún momento, en realidad las sobras eran para el perro, pero en la actualidad, para mucha gente la cena de hoy es el almuerzo de mañana. ¡Dos alimentos por el precio de uno! Si quiere llevarse las sobras a casa, puede decir:

- ✔ **May I have a doggie bag?** (mei ai jav ei *do*-gui bag; ¿Me puede traer una bolsita para las sobras?)

- ✔ **I'd like to take this home.** (aid laik tu teik dis joum; Me gustaría llevarme esto a casa.)

Palabras para recordar

dessert	(*de*-surt)	postre
the bill	(da bil)	la cuenta
the check	(da chek)	la cuenta
tax	(taks)	impuesto
gratuity	(gra-*tu*-i-ti)	propina
doggie bag	(*do*-gui bag)	bolsita para comida sobrante

Capítulo 6

Vamos de Compras

. . . .

En Este Capítulo

▶ La compra en el supermercado

▶ Cómo comprar ropa

▶ La talla correcta

▶ Comparando

. . . .

*E*n este capítulo le doy toda la información que necesita para que sus compras sean exitosas, encuentre lo que busca, pida ayuda y para que las tallas y los precios no lo confundan. Así que, tome su dinero o tarjeta de crédito y ¡vámonos de compras!

El Supermercado

En la mayoría de las ciudades y pueblos va a encontrar pequeñas **grocery stores** (*grau*-se-ri stors; tiendas de abarrotes), conocidas como **corner stores** (*cor*-ner stors; tienditas de la esquina) o **mom-and-pop stores** (mom and pop stors; la tienda de mamá y papá). Por lo general estas tiendas son negocios familiares en donde puede encontrarse un poco de todo, aunque con poca variedad de marcas.

Cuando necesite mayor variedad y mejores precios, vaya al **supermarket** (*su*-per *mar*-ket; supermercado).

Recorriendo los pasillos

Estas son algunas expresiones necesarias para "pedir ayuda" — y no olvide comenzar con **Excuse me** (eks-*kius* mi; Disculpe) o **Pardon me** (par-don mi; Perdone):

- ✔ **Where can I find . . . ?** (juer can ai faind; ¿Dónde puedo encontrar . . . ?)

- ✔ **Where is/are the . . . ?** (juer is/ar da; ¿Dónde está/están los/las/el/la . . . ?)

- ✔ **Do you sell . . . ?** (du iu sel; ¿Vende . . . ?)

Palabras para recordar

shopping	(shop-ping)	comprar
shopping cart	(shop-ping cart)	carrito de supermercado
basket	(bas-ket)	canasta
aisle	(ail)	pasillo

Para comprar frutas y verduras

Estas son algunas de las frutas más comunes que puede encontrar en el supermercado:

- ✔ **apple** (*ap*-pel; manzana)
- ✔ **banana** (ba-*na*-na; plátano)
- ✔ **grapes** (greips; uvas)
- ✔ **lemon** (*le*-mon; limón)
- ✔ **lime** (laim; lima)
- ✔ **mango** (*man*-gou; mango)
- ✔ **melon** (*me*-lon; melón)

- ✔ **orange** (*o*-rench; naranja)
- ✔ **papaya** (pa-*pai*-ya; papaya)
- ✔ **peach** (*pi*-ich; durazno)
- ✔ **pear** (peir; pera)
- ✔ **pineapple** (*pain*-ap-pel; piña)
- ✔ **strawberry** (*stra*-ber-ri; fresa)

Estos son algunos de los vegetales más comunes:

- ✔ **beans** (*bi*-ins; frijoles)
- ✔ **broccoli** (*bro*-co-li; brócoli)
- ✔ **cabbage** (*ca*-bech; col)
- ✔ **carrot** (*ker*-rot; zanahoria)
- ✔ **celery** (*ce*-le-ri; apio)
- ✔ **cucumber** (kiu-com-ber; pepino)
- ✔ **lettuce** (*le*-tus; lechuga)
- ✔ **mushroom** (*moch*-ru-um; hongo)
- ✔ **onion** (*o*-ni-on; cebolla)
- ✔ **pea** (*pi*-i; chícharo)
- ✔ **pepper** (*pe*-per; pimiento)
- ✔ **potato** (pou-*tei*-tou; papa)
- ✔ **squash** (skuach; calabaza)
- ✔ **tomato** (técnicamente es una fruta)
  (tou-*mei*-tou; jitomate)

Uso de sustantivos cuantitativos y numéricos

Algunas cosas pueden describirse con números. Es decir, hay sustantivos que pueden contarse. Por ejemplo, la palabra manzana es un sustantivo numérico, por lo que podemos decir **one apple** (uon *ap*-ple; una manzana) o **two apples** (tu *ap*-ples; dos manzanas).

Sin embargo, hay ocasiones en que no pueden usarse números para describir o contar cosas como la **salt** (salt; sal) y la **lettuce** (*le*-tus). Por ejemplo, no se dice **two salts** (tu salts; dos sales) o **three lettuces** (zri *le*-tus-es; tres lechugas). Estos alimentos son sustantivos cuantitativos.

Para expresar cantidad con los sustantivos cuantitativos, use palabras como **some** (som; algo), **any** (*e*-ni; alguno/a), **a little** (ei *lit*-tel; un poco), **a lot of** (ei lot of; mucho de), pero no **a** o **an** (ei/an; un, una). Cuando quiera indicar la cantidad exacta de un sustantivo cuantitativo, tiene que añadir una palabra numérica. Por ejemplo, no se dice **four milks** (for milks; cuatro leches); se dice **four glasses of milk** (for *glas*-es of milk; cuatro vasos de leche). No se cuenta la leche sino los vasos.

Observe que en la frase **four glasses of milk,** la preposición **of** (of) está entre el sustantivo numérico y el cuantitativo; la preposición se necesita para conectar a los dos sustantivos en este tipo de frase. A continuación hay más ejemplos:

- ✔ **a can of soup** (ei can of *su*-up; una lata de sopa)
- ✔ **three boxes of cereal** (zri *boks*-es of *ci*-ri-al; tres cajas de cereal)
- ✔ **two bottles of soda** (tu *bot*-tels of *sou*-da; dos botellas de refresco)

La siguiente tabla muestra más sustantivos cuantitativos relacionados con la comida, junto con palabras numéricas que pueden usarse para indicar cantidades específicas:

Sustantivos Cuantitativos	Palabras Numéricas
milk (milk; leche)	**quart/gallon** (cuort/*ga*-lon; cuarto/galón)
butter (*bot*-ter; mantequilla)	**carton/sticks** (*car*-ton/stiks; caja/barra)

Sustantivos Cuantitativos	*Palabras Numéricas*
yogurt (*llou*-gurt; yogurt)	**carton/pint** (*car*-ton/paint; vaso/pinta, un poco menos de medio litro)
wine (uain; vino)	**bottle** (*bot*-tel; botella)
beer (*bi*-ar; cerveza)	**can** (can; lata)
coffee (*co*-fi; café)	**pound/cup** (paund/cop; libra (medio kilo aproximadamente)/ taza)
tea (ti; té)	**box/cup** (boks/cop; caja/taza)
salt (salt; sal)	**grain/box** (grein/boks; grano/ caja)
celery (*ce*-le-ri; apio)	**stalk** (stok; tallo)
lettuce (*le*-tus; lechuga)	**head** (jed; cabeza)

En la caja registradora

Cuando ya haya **checked off** (chekt *o*-of; tachar) todo en su **shopping list** (*shop*-pin list; lista de compras), diríjase a la **checkout line** (*chek*-aut lain; línea de pago) o **cash register** (cach *re*-llis-ter; caja registradora) para pagar sus compras. Por lo general uno mismo saca todo del carrito y lo coloca en el **counter** (*caun*-ter; mostrador).

Cuando llega su turno para pagar, la persona que coloca los artículos en bolsas le puede preguntar qué tipo de bolsa quiere y si necesita ayuda para llevar las bolsas a su coche. Estas son algunas expresiones que puede escuchar en la línea de pago.

> ✔ **Paper or plastic?** (*pei*-per or *plas*-tic; ¿Papel o plástico?)

> ✔ **Do you want help out?** (du iu uant jelp aut; ¿Necesita que lo ayude con sus bolsas?)

> ✔ **Do you want cash back?** (du iu uant cach bac; ¿Quiere retirar dinero de su cuenta?)

Palabras para recordar

checkout line	(*chek*-aut lain)	línea de pago
cash register	(*cach re*-llis-ter)	caja registradora
shopping list	(*shop*-pin list)	lista de compras
item	(aitem)	artículo
cash back	(cach bak)	cambio

Mi Talla Exacta: Comprando Ropa

Ya sea que compre en **boutiques** (bu-*tiks*; tiendas de moda), **gift shops** (guift chops; tiendas de regalos), o **malls** (mals; centros comerciales), el día de compras será más gratificante y divertido si conoce algunos consejos y expresiones útiles.

Sólo estoy viendo

En las **department stores** (di-*part*-ment stors; tiendas departamentales) grandes puede pasearse durante semanas (bueno, minutos) sin ver a un vendedor. Sin embargo, si tiene suerte de encontrarlo, puede preguntarle **Excuse me, can you help me?** (eks-*kius* mi can iu jelp mi; ¿Disculpe, me puede ayudar?).

En las tiendas más pequeñas, por el contrario, el vendedor lo abordará de inmediato y le hará una de las siguientes preguntas: **May I help you?** (mei ai jelp iu; ¿Puedo ayudarlo?) o **Do you need help finding anything?** (du iu *ni*-id jelp faind-ing en-i-zing; ¿Necesita ayuda para encontrar algo?). Quizá usted sólo quiera **browse** (braus; mirar o curiosear). En ese caso, sólo diga **No thanks. I'm just looking** (nou zanks aim llost *luk*-ing; No gracias. Sólo estoy viendo).

La ropa

Puede encontrar ropa estilo vaquero en todo el mundo. Las palabras **jeans** (llins) y **T-shirt** (*ti*-churt) son internacionales. A continuación presento una lista con los nombres de varios artículos de ropa y de diferentes tipos de zapatos.

Estos son nombres para **women's clothes** (*ui*-mens clous; ropa de mujer):

- **dress** (dres; vestido)
- **blouse** (blaus; blusa)
- **skirt** (skurt; falda)
- **suit** (sut; traje sastre)
- **pantsuit** (*pant*-sut; traje con pantalón)
- **nightgown** (*nait-gaun*; camisón)
- **underwear** (*on*-der-uer; ropa interior)

Utilice los siguientes términos para **men's clothes** (mens clous; ropa de hombre):

- **dress shirt** (dres churt; camisa de vestir)
- **sport shirt** (sport churt; camisa sport)
- **sport jacket** (sport *lla*-ket; saco sport)
- **tie** (tai; corbata)
- **undershirt** (*on*-der-chirt; camiseta)

Puede usar estos términos para hablar de ropa, tanto de hombre como de mujer:

- **pants** (pants; pantalones)
- **slacks** (slacks; pantalón de vestir)
- **jeans** (llins; pantalón de mezclilla)
- **sweater** (*sue*-ter; suéter)
- **jacket** (*lla*-ket; chamarra)
- **coat** (cout; abrigo)
- **suit** (sut; traje)

- ✔ **shirt** (churt; camisa)
- ✔ **shorts** (chorts; pantalón corto)
- ✔ **swimsuit** (*swim*-sut; traje de baño)
- ✔ **sweatshirt** (*swet*-churt; sudadera)
- ✔ **robe** (roub; bata)
- ✔ **pajamas** (pa-*lla*-mas; pijama)

En lo referente a los zapatos, encontrará estos estilos en cualquier zapatería:

- ✔ **dress shoes** (dres chus; zapatos de vestir)
- ✔ **high heels** (jai *ji*-als; zapatos de tacón)
- ✔ **loafers** (*lou*-fers; mocasines)
- ✔ **pumps** (pomps; zapato bajo y liso de mujer)
- ✔ **sandals** (*san*-dals; sandalias)
- ✔ **slippers** (sli-pers; pantuflas o zapatillas)

Existen muchos nombres para los zapatos deportivos dependiendo del deporte para el que están hechos. Incluso los mismos angloparlantes no siempre saben cuál es el nombre correcto, así que no se preocupe si tampoco usted lo sabe. Los zapatos de lona para actividades en el exterior se conocían como **sneakers** (*sni*-i-kers; zapatos de lona) o **tennis shoes** (*te*-nis chus; zapatos de tenis). La gente todavía utiliza estos nombres, pero ahora hay términos como **athletic shoes** (az-*le*-tic chus; zapatos atléticos), **running shoes** (*ron*-ning chus; zapatos para correr), y **trainers** (*train*-ers; zapatos para entrenamiento), entre otros.

La talla correcta

Si usted es hombre (o va a comprar algo para un hombre), no va a tener mucho problema entendiendo las tallas o encontrando algo que le quede bien. Pero para las mujeres este proceso es engañoso porque, por alguna extraña razón, **women's sizes** (*ui*-mens *sai*-ses; tallas femeninas) varían ampliamente dependiendo del fabricante. Así que si usted es mujer, va a querer **to try on** (tu trai on; probarse) cada prenda para ver si le queda. ¡La talla "grande" en una compañía puede ser "pequeña" en otra!

Esta es una tabla de conversiones de tallas de Estados Unidos y Europa para ropa de mujer:

Tallas de E.E.U.U.	6	8	10	12	14	16	18	20
Tallas europeas	34	36	38	40	42	44	46	48

Para las tallas de sacos y trajes para hombre, utilice la siguiente tabla de conversiones:

Tallas de E.E.U.U.	36	38	40	42	44	46	48	50
Tallas europeas	46	48	50	52	54	56	58	60

Para probarse la ropa

Una vez que revisó los **clothing racks** (*cluo*-zing raks; anaqueles de ropa) y encontró algo que le gustó, querrá probárselo en el **dressing room** (*dres*-sing *ru*-um; probador). Estas son algunas frases que le ayudarán a hacerlo:

✔ **May I try this on?** (mei ai trai dis on; ¿Me puedo probar esto?)

✔ **Where are the dressing rooms?** (juer ar da *dres*-sing *ru*-ums; ¿Dónde están los probadores?)

O el vendedor puede hacerle una de las siguientes preguntas:

✔ **Are you ready to try those on?** (ar iu *re*-di tu trai dous on; ¿Está listo para probarse esos?)

✔ **Shall I put those in a dressing room for you?** (chal ai put dous in ei *dres*-sing *ru*-um for iu; ¿Quiere que ponga esos en un probador?)

De Pequeño a Grande: Uso del Comparativo

Digamos que se probó una camiseta pero le queda apretada, y necesita una talla más grande. Para pedir una talla más grande o más chica, necesita usar el **comparative** (com-*per*-a-tiv; comparativo). El **comparative** es un adjetivo que se usa para comparar dos cosas. Se forma de acuerdo con el número de sílabas del adjetivo, de la siguiente manera:

- Para un adejetivo con una o dos sílabas, añada **–er.** Por ejemplo: **big** → **bigger** (bik/*bik*-er; grande/más grande); **small** → **smaller** (smol/smol-ler; chicho/más chico); **fancy** → **fancier** (*fan*-ci/*fan*-ci-er; elegante/más elegante).

- Para un adjetivo con tres o más sílabas, use la palabra **more** (mor; más) o **less** (les; menos) antes del adjetivo. Por ejemplo: **more casual** (mor *ca*-chu-al; más casual); **less casual** (les *ca*-chu-al; menos casual); **more valuable** (mor *va*-lua-bol; más valioso); **less valuable** (les *va*-lua-bol; menos valioso).

Estas son algunas expresiones con comparativo:

- **Do you have this in a larger size?** (du iu jav dis in ei *lar*-cher sais; ¿Tiene esto en una talla más grande?)

- **Do you have anything less expensive?** (du iu jav *e*-ni-zing les eks-*pen*-siv; ¿Tiene algo menos caro?)

Sólo lo mejor: Uso del superlativo

El **superlative** (su-*per*-la-tiv; superlativo) expresa el nivel máximo de algo. Al igual que el **comparative,** el **superlative** es un adjetivo, y se forma de acuerdo con el número de sílabas en el adjetivo, de la siguiente manera:

✔ Para los adjetivos con una o dos sílabas, añada **–est.** Por ejemplo: **big** → **biggest** (bik/bik-est; grande/el más grande); **small** → **smallest** (smol/smol-est; chico/el más chico); **fancy** → **fanciest** (*fan*-ci/*fan*-ci-est; elegante/el más elegante).

✔ Para adjetivos con tres o más sílabas, use la palabra **most** (moust; el/la más) o **least** (*li*-ist; el/la menos) antes del adjetivo. Por ejemplo: **most casual** (moust *ca*-chual; el/la más casual); **least casual** (*li*-ist *ca*-chual; el/la menos casual); **most expensive** (moust eks-*pen*-siv; el/la más caro/a); **least expensive** (*li*-ist eks-*pen*-siv; el/la menos caro/a).

Existen algunas excepciones a las reglas de comparativo y superlativo. Por ejemplo se dice **most patient** (moust *pei*-chant; el/la más paciente) en vez de **patienter.** Y en algunos casos — como en estas palabras de uso frecuente — las formas de **comparative** y **superlative** son completamente irregulares, por lo que tendrá que memorizarlas:

✔ **Good** (gud; bueno), **better** (*be*-ter; mejor), y **best** (best; el/la mejor). Por ejemplo: **This coat is better quality than that coat** (dis cout is *be*-ter *cua*-li ti dan dat cout; Este abrigo es de mejor calidad que ese.).

✔ **Bad** (bad; malo), **worse** (uors; peor), y **worst** (uorst; pésimo o el/la peor). Por ejemplo: **This store has the best prices, but the worst service!** (dis stor jas da best *prai*-ses bot da uorst *ser*-vis; ¡Esta tienda tiene los mejores precios, pero el peor servicio!)

Palabras para recordar

comparative	(com-*per*-a-tiv)	comparativo
superlative	(su-*per*-la-tiv)	superlativo
more	(mor)	más
less	(les)	menos
most	(moust)	el/la/los/las más
least	(li-*ist*)	el/la/los/las menos

Capítulo 7

El Tiempo Libre

• •

En Este Capítulo

▶ ¿Qué hacer? ¿A dónde ir?

▶ Obras de teatro, películas, o conciertos

▶ Bares y centros nocturnos

▶ Deportes y actividades recreativas

▶ Actividades al aire libre

• •

*E*ste capítulo habla de cómo pasar un buen rato —
ya sea en el cine, en una fiesta, practicando algún
deporte, o disfrutando de la naturaleza.

Cómo Enterarse de las Actividades de un Lugar

¿Quiere saber qué actividades ofrece el lugar donde
se encuentra? Estas son algunas formas para enterarse de los **events** (*i*-i-vents; espectáculos) que hay
en la ciudad:

> ✔ Acuda a un **information center** (in-for-*mei*-chion
> *cen*-ter; centro de información).
>
> ✔ Llame o vaya a la **Chamber of Commerce**
> (*cheim*-ber of *co*-mers; Cámara de comercio).
>
> ✔ Consulte una **guidebook** (*gaid*-buk; guía de
> viaje).

✔ Consulte **information brochures** (in-for-*mei*-chion broch-*urs*; folletos informativos) en un hotel.

✔ Revise la **calendar section** (*ca*-len-dar *sec-chion*; sección del calendario de eventos) del **local newspaper** (*lou*-cal *nius*-pei-per; periódico local).

✔ Busque los puntos de interés en un **local map** (*lou*-cal map; mapa del lugar).

✔ Busque **flyers** (*flai*-llers; volantes) y **posters** (*pous*-ters; carteles) sobre espectáculos futuros.

Puede usar las siguientes frases para enterarse de los espectáculos locales:

✔ **Can you recommend a good art gallery?** (can iu re-co-*mend* ei gud art ga-*le*-ri; ¿Me puede recomendar una buena galería de arte?)

✔ **What should I see while I'm here?** (juat shud ai *si*-i uail aim *ji*-ar; ¿Qué debo visitar durante mi estancia?)

✔ **Are there any museums here?** (ar der *e*-ni miu-si-ums *ji*-ar; ¿Hay museos aquí?)

✔ **Where can I find tourist information?** (juer can ai faind *tu*-rist in-for-*mei*-chion; ¿Dónde puedo encontrar información turística?)

Palabras para recordar

event	(*i*-i-vent)	espectáculo
attraction	(a-trak-*chion*)	atracción
information	(in-for-*mei*-chion)	información
nightlife	(nait-*laif*)	vida nocturna

Cómo Obtener Información

¿Alguna vez ha hecho planes para ir a algún lugar o acudir a un espectáculo y al llegar se encuentra con que está cerrado? Con algunas frases simples, puede enterarse de horarios de lugares, fechas de espectáculos, y horarios de películas. Use las siguientes frases para obtener información y poder hacer sus planes:

- ✔ **What are your hours?** (juat ar ior aurs; ¿Qué horario tiene?)

- ✔ **What days are you open?** (juat deis ar iu *o*-pen; ¿Qué días abren?)

- ✔ **When does the event take place?** (juen dos da i-*vent* teik pleis; ¿Cuándo es el espectáculo?)

- ✔ **How much does it cost?** (jau moch dos it cost; ¿Cuánto cuesta?)

- ✔ **Is there an admission fee?** (is der an ad-*mi*-chion *fi*-i; ¿Hay cuota de admisión?)

- ✔ **What movies are playing today?** (jaut *mu*-vis ar *plei*-ing tu-*dei*; ¿Qué película pasan hoy?)

- ✔ **What time does the movie start?** (juat taim dos da *mu*-vi start; ¿A qué hora comienza la película?)

- ✔ **Is there a matinee?** (is der ei ma-ti-*ne*; ¿Hay matiné?)

Invitaciones

Si encuentra un espectáculo interesante al que quiere asistir, y quiere invitar a alguien, necesita conocer unas frases breves para concertar la cita. Practique las siguientes expresiones:

- ✔ **Would you like to see a movie with me?** (*u*-ud iu laik tu *si*-i ei *mu*-vi uiz mi; ¿Te gustaría ver una película conmigo?)

✔ **Do you like plays?** (du iu laik pleis; ¿Te gustan las obras de teatro?)

✔ **I'm going to a concert tomorrow. Do you want to come?** (aim gou-ing tu ei *con*-cert tu-*mo*-rou du iu uant tu com; Voy a un concierto mañana. ¿Te gustaría ir?)

✔ **Let's go hear some live music.** (lets gou jier som laiv miu-*sic*; Vamos a escuchar música en vivo.)

Centros Nocturnos

La mejor manera de encontrar buenos **nightclubs** (*nait*-clubs; centros nocturnos) y **bars** (bars; bares) es preguntando. Cada quien tiene su favorito, pero con algunas preguntas, usted puede obtener suficiente información para tomar su propia decisión.

✔ **Do you know any good nightclubs?** (du iu nou *e*-ni gud *nait*-clubs; ¿Conoces un buen centro nocturno?)

✔ **What kind of bar is it?** (juat kaind of bar is it; ¿Qué tipo de bar es?)

✔ **Is there live music?** (is der laiv *miu*-sic; ¿Hay música en vivo?)

✔ **Does the club have dancing?** (dos da clob jav *dan*-sing; ¿Se permite bailar?)

Palabras para recordar

alcohol	(al-*co*-jol)	alcohol
minor	(mai-*nor*)	menor
underage	(on-*der*-eich)	menor de edad
smoke	(smouk)	fumar
ashtray	(ach-*trei*)	cenicero

¿Qué Haces en Tu Tiempo Libre?

Es común que cuando se conoce a alguien por primera vez la conversación gire en torno a los pasatiempos y actividades favoritas. Es muy probable que le hagan una de las siguientes preguntas:

- ✔ **What do you do in your spare time?** (juat du iu du in iur speir taim; ¿Qué haces en tu tiempo libre?)

- ✔ **What kinds of sports do you like?** (juat kain of sports du iu laik; ¿Qué deportes te gustan?)

- ✔ **What do you do for fun?** (jaut du iu du for fon; ¿Qué haces para divertirte?)

Puede contestar estas preguntas de varias formas. Estos son algunos ejemplos:

- ✔ **I like to work in my garden.** (ai laik tu uerk in mai *gar*-den; Me gusta trabajar en mi jardín)

- ✔ **I enjoy playing chess.** (ai en-*lloi plei*-ing ches; Me gusta jugar ajedrez)

- ✔ **I go jogging.** (ai go-u *llog*-guing; Salgo a correr)

- ✔ **I'm into surfing.** (aim *in*-tu *sur*-fing; Me gusta practicar el surfeo) **I'm into** es una expresión idiomática común que significa "Me gusta mucho" o "Estoy muy involucrado en" algo.

Lo que me gusta hacer

Existen varias estructuras de oraciones ligeramente diferentes para hablar de las cosas que le gusta hacer en su tiempo libre. Observe las siguientes "fórmulas."

- ✔ Fórmula 1: **I + verb** (Yo + verbo)

  I sew. (ai *so*-u; Yo coso)

  I play volleyball. (ai plei *vo*-li-bol; Yo juego voleibol)

- ✔ Fórmula 2: **I like + infinitive or gerund** (Me gusta + infinitivo o gerundio del verbo)

I like to read. (ai laik tu *ri*-id; Me gusta leer.)

I like reading. (ai laik *ri*-id-ing; Me gusta leer.)

✔ Fórmula 3: **I enjoy + gerund** (Disfruto + gerundio del verbo)

I enjoy camping. (ai en-lloi camp-ing; Disfruto acampando.)

I enjoy playing hockey. (ai en-lloi plei-ing jo-ki; Disfruto jugando jockey.)

El verbo del juego: To play

Las actividades que involucran una **competition** (com-pe-*ti*-chion; competencia) — y por lo general algún tipo de **ball** (bol; pelota) — utilizan el verbo **to play** (tu plei; jugar). Por ejemplo:

✔ **I like to play tennis.** (ai laik tu plei *te*-nis; Me gusta jugar tenis.)

✔ **Do you play golf?** (du iu plei golf; ¿Juegas golf?)

✔ **Want to play a game of basketball?** (uant tu plei ei gueim of *bas*-ket-bol; ¿Quieres jugar un partido de baloncesto?)

Una excepción es **bowling** (*bo*-ul-ling; boliche); no se dice **play bowling** (plei *bo*-ul-ling; jugar boliche) aunque involucre una pelota. Pero sí se usa el verbo **play** con **cards** (cards; cartas), **chess** (ches; ajedrez) **board games** (bord gueims; juegos de mesa), y **pool** (*pu*-ul; billar).

Palabras para recordar

pastime	(pas-taim)	pasatiempo
leisure	(li-*chur*)	tiempo libre o esparcimiento
recreation	(re-cri-e-*chion*)	recreación

sports	(sports)	deportes
to play	(tu plei)	jugar
to win	(tu uin)	ganar
to lose	(tu lu-*us*)	perder
game	(gueim)	juego
competition	(com-*pe*-ti-*chion*)	competencia
board game	(bord gueim)	juego de mesa

Deportes

¿Es un **sports fan** (sports fan; aficionado a los deportes)? Ya sea que juegue en un **team** (*ti*-im; equipo) o que sea un **spectator** (*spec*-tei-tor; espectador), usted puede disfrutar de una gran variedad de deportes todo el año en la televisión o en un **stadium** (*stei*-di-um; estadio) o **ballpark** (*bol*-park; parque de pelota o estadio de béisbol).

"¡Se va, se va, se fue!": El béisbol

Cuando el árbitro grita **Play ball!** (plei bol; ¡Jueguen!), se hace el primer **pitch** (pitch; tiro o lanzamiento).

Los estadounidenses han jugado béisbol desde 1800. Para que pueda disfrutar plenamente de este popular juego, a continuación encontrará términos comunes de béisbol:

- **bat** (bat; bate)
- **batter** (*bat*-ter; bateador)
- **catcher** (*cat*-cher; cácher o receptor)
- **fly ball** (flai-bol; tiro elevado)

- **glove** (glov; guante o manopla)
- **home run** (*jo*-um-ron; jonrón)
- **mitt** (mit; guante)
- **strike** (staik; golpe)

La diferencia entre fútbol americano y fútbol soccer

Casi todo el mundo llama fútbol al juego de la Copa Mundial, pero los estadounidenses lo llaman **soccer.** En los Estados Unidos, el **football** (*fut*-bol; fútbol americano) es un juego completamente diferente. El fútbol americano se juega con un balón ovalado de color café, con el que los jugadores cruzan el campo para lograr un **touchdown** (*toch*-daun; anotación).

Aquí hay algo de vocabulario del fútbol:

- **end zone** (end *so*-un; zona de anotación)
- **helmets** (*jel*-mets; cascos)
- **body pads** (*bo*-di pads; equipo de protección)
- **goal** (*go*-al; gol de campo)
- **first down** (furst daun; primera caída)
- **touchdown** (toch-daun; anotación)
- **tackle** (*tak*-el; atajada)
- **pass** (pas; pase)
- **player** (plei-*ller*; jugador)
- **team** (*ti*-im; equipo)
- **fan** (fan; admirador)
- **stadium** (stei-*di*-um; estadio)

La Naturaleza

Los Estados Unidos es un país con espacios abiertos inmensos y **natural beauty** (*na*-chu-ral *biu*-ti; belleza natural) espectacular. Si disfruta del contacto con la naturaleza, en este país encontrará paisajes extraordinarios de costa a costa. Estas son algunas maravillas geográficas que puede explorar:

- ✔ **mountains** (*maun*-tens; montañas)
- ✔ **valleys** (*va*-li-is; valles)
- ✔ **lakes** (leiks; lagos)
- ✔ **rivers** (*ri*-vers; ríos)
- ✔ **waterfalls** (*ua-ter-fols*; cascadas)
- ✔ **deserts** (*de*-serts; desiertos)
- ✔ **forests** (*for*-ests; bosques)
- ✔ **coastline** (*co*-ust-lain; litoral)
- ✔ **seashores** (*si*-i-chors; costas)
- ✔ **beaches** (*bi*-ich-es; playas)

Deportes de invierno y de verano

Si le gusta sentir el aire frío y seco de un paisaje nevado, quizá quiera ir a las montañas y pasar el día practicando alguna de las siguientes actividades:

- ✔ **cross-country skiing** (cros *coun*-tri *ski*-ing; esquí a campo traviesa)
- ✔ **downhill skiing** (*daun*-jil *ski*-ing; esquí montaña abajo)
- ✔ **ice skating** (ais *skeit*-ing; patinaje sobre hielo)
- ✔ **snowboarding** (*snou*-bor-ding; esquí con tabla de nieve)

Cuando haga calor, puede ir a las playas, los ríos, y lagos. Si sólo quiere reposar, puede **sunbathe** (*son*-beiz; asolearse) en la **sand** (sand; arena). O puede meterse al agua y practicar algunas de estas actividades:

- ✔ **river rafting** (*ri*-ver *raf*-ting; cruzar ríos en balsa)
- ✔ **sailing** (*sei*-ling; navegar en un bote de vela)

✔ **snorkeling** (*snor*-kel-ing; bucear con tubo de respiración)

✔ **water skiing** (*ua*-ter *ski*-ing; esquí acuático)

De campamento

Camping (*cam*-ping; acampar) y **backpacking** (*bak*-pak-ing; excursión con mochila) son dos formas maravillosas de **get away from it all** (get a-uey from it ol; alejarse de todo). Esto es algo del **camping gear** (*cam*-ping *gui*-ar; equipo para acampar) básico que necesita llevar:

✔ **backpack** (*bak*-pak; mochila)

✔ **camp stove** (camp stouv; estufa de campamento)

✔ **firewood** (*fair*-u-ud; leña)

✔ **flashlight** (*flach*-lait; lámpara)

✔ **lantern** (*lan*-tern; linterna)

✔ **matches** (*mat*-ches; cerillas)

✔ **sleeping bag** (*sli*-ip-ing bag; bolsa para dormir)

✔ **tent** (tent; tienda de campaña)

No olvide el **bug repellant** (bog ri-*pel*-ent; repelente de insectos) y el **sunscreen** (*son*-skrin; bloqueador solar), o regresará de sus vacaciones comido y quemado — ¡y quizá necesite otras vacaciones para reponerse!

Siga el camino

En los Estados Unidos hay miles de **hiking trails** (*jaik*-ing treils; senderos de caminata) abiertos todo el año. El **Appalachian Trail** (ap-el-*ei*-chion treil) en el este de los Estados Unidos y el **Pacific Crest Trail** (pa-*ci*-fic crest trail) que va de México hasta el estado de Washington son dos de los senderos más largos.

Antes de que comience su **trek** (trek; recorrido), consiga información sobre la topografía del lugar,

altitude (*al*-ti-tud; altitud), y la dificultad del sendero. Las siguientes preguntas le pueden ayudar a decidir si es un buen día para emprender una caminata:

- ✔ **Where can I get a topographical map?** (juer can ai get ei to-po-*gra*-fi-cal map; ¿Dónde puedo conseguir un mapa topográfico?)

- ✔ **How difficult is this trail?** (jau *di*-fi-cult is dis treil; ¿Qué tan difícil es este sendero?)

- ✔ **How long does it take to hike the trail?** (jau long dos it taik tu jaik da trail; ¿Cuál es el tiempo que se lleva uno en recorrer este sendero?)

- ✔ **Are there any dangerous animals on the trail?** (ar der *e*-ni *dan*-ller-os *a*-ni-mals on da trail; ¿Hay animales peligrosos en el sendero?)

Ahora sí está listo para ponerse sus **hiking boots** (*jaik*-ing *bu*-uts; botas de caminata) y su mochila, llenar su **water bottle** (*ua*-ter *bo*-tel; cantimplora), sacar su mapa o **compass** (*com*-pas; brújula), y emprender camino.

Cuando se está al aire libre, se tiene la oportunidad de tener un contacto mucho más cercano con **wildlife** (*uaild*-laif; animales salvajes) — aunque no en todos los casos es recomendable tener un contacto muy cercano. Estos son algunos de los nombres de las criaturas que puede encontrarse **in the wild** (in da uaild; en la naturaleza), que en realidad es donde ellos viven:

- ✔ **bear** (ber; oso)
- ✔ **beaver** (*bi*-i-ver; castor)
- ✔ **coyote** (kai-*yo*-ti; coyote)
- ✔ **deer** (*di*-ir; venado)
- ✔ **fox** (fox; zorro)
- ✔ **frog** (frog; rana)
- ✔ **moose** (*mu*-us; alce)
- ✔ **mosquito** (mo-*ski*-to; mosquito, zancudo)
- ✔ **mountain lion** (*maun*-tein *lai*-on; puma)

✔ **raccoon** (ra-*cu*-un; mapache)

✔ **snake** (sneik; serpiente, víbora)

✔ **squirrel** (sku-*irl*; ardilla)

✔ **wolf** (*uo*-olf; lobo)

Si yo me encontrara con un animal peligroso, mi primer impulso sería "correr como loca," pero eso es exactamente ¡lo peor que podría hacer! Para tener una visita segura y sin contratiempos en cualquier parque natural, consulte con un **park ranger** (park *rein*-ller; guardabosques) o en una guía de información sobre cómo actuar en el caso de un encuentro con un animal potencialmente peligroso.

La plant life (plant laif; flora) en los parques nacionales y en todo Estados Unidos es muy rica y variada — estos son algunos ejemplos de los que puede ver:

✔ **desert cactus** (*de*-sert *cac*-tos; cactus)

✔ **tall grasses** (tol *gras*-ses; zacates)

✔ **redwood trees** (*red*-u-ud *tri*-is; secoyas)

✔ **tropical rainforests** (*tro*-pi-cal *rein*-for-ests; selvas tropicales)

✔ **seaweed** (*si*-i-uid; algas)

✔ **woods** (*u*-uds; bosque)

✔ **ferns** (ferns; helechos)

✔ **meadows** (*me*-dous; praderas)

✔ **wildflowers** (*uaild*-fla-uers; flores silvestres)

¿Alguna Vez Ha . . . ? Pasatiempos

Se pueden descubrir muchas cosas interesantes cuando se escuchan las experiencias de la gente, y ¡puede mejorar su inglés si habla de las suyas! Para hablar en general de algo que ha pasado en su vida (sin hacer referencia a una época en específico), se usa el **present perfect tense** (pre-sent *per*-fect tens; presente perfecto). Puede iniciar una conversación preguntando **Have you ever . . . ?** (jav iu *e*-ver; ¿Alguna vez ha . . . ?).

Estos son algunos ejemplos:

- ✔ **Have you ever been to Yellowstone?** (jav iu *e*-ver bin tu *iel-ou-stoun*; ¿Alguna vez has estado en Yellowstone?)

- ✔ **Have you ever seen a whale?** (jav iu *e*-ver *si*-in ei jueil; ¿Has visto alguna vez una ballena?)

- ✔ **Have you ever climbed a mountain?** (jav iu *e*-ver claimd ei *maun*-tein; ¿Alguna vez has escalado una montaña?)

Para responder una pregunta con **Have you ever . . .** simplemente diga:

- ✔ **Yes, I have.** (ies ai jav; Sí he estado/ya lo he hecho)

- ✔ **No, I haven't.** (*no*-u ai *jav*-ent; No he estado/no lo he hecho)

- ✔ **No, I've never done that.** (*no*-u aiv *ne*-ver don dat; No, nunca he hecho eso)

Quizá se pregunte por qué se llama presente perfecto a este tiempo, cuando, en realidad, hace referencia al pasado. Se le llama así porque para formarlo se utiliza el presente de **to have** (tu jav; haber) y el pasado participio del verbo principal.

Aquí está la "fórmula" del presente perfecto: **have or has + verb** (forma del pasado participio). Observe los siguientes ejemplos:

- ✔ **Have you ever been to a national park?** (jav iu *e*-ver bin tu ei *na*-chio-al park; ¿Alguna vez has estado en un parque nacional?)

- ✔ **Yes, I have visited Yosemite three times.** (ies ai jav *vi*-si-ted yo-*se*-mi-ti zri taims; Sí, he visitado Yosemite tres veces.)

Capítulo 8

Cuando Hay Que Trabajar

. . . .

En Este Capítulo

▶ El trabajo y la oficina

▶ Hablemos de tiempo y dinero

▶ Hagamos una cita

▶ Para negociar con compañías en Estados Unidos

▶ Conversaciones telefónicas

. . . .

Ya sea que se trate de una conversación de negocios o simplemente tenga que describir cuál es su trabajo, conocer algo sobre el estilo y el lenguaje del ambiente de negocios en Estados Unidos le permitirá sentirse más tranquilo después del primer **handshake** (*jand*-cheik; saludo de mano). Este capítulo está lleno de términos, expresiones, y consejos culturales para que tenga un **briefcase** (*brif*-keis; portafolio) completo y listo en todo momento. También habla de la etiqueta a seguir en el teléfono — cómo contestar, cómo dejar un recado, y todo lo que necesita saber durante una conversación telefónica.

¿En Dónde Trabajas? Conversando Sobre el Trabajo

¿Qué quieres ser cuando seas grande? ¡Los niños escuchan esta pregunta cientos de veces durante su infancia! ¿Por qué? Porque en los Estados Unidos, por lo general, el **job** (llob; trabajo) es igual de importante que la religión o la familia. Para muchos estadounidenses, su **work** (uerk; ocupación, empleo) es lo que define su identidad y su valor.

¿A qué te dedicas?

A los pocos minutos de conocer a alguien, le pueden preguntar **What do you do?** (juat du iu du; ¿A qué te dedicas?), **What do you do for a living?** (juat du iu du for ei *li*-ving; ¿Cómo te ganas la vida?), o **What kind of work do you do?** (juat kaind of uerk du iu du; ¿Qué tipo de trabajo haces?).

De la misma forma, usted puede contestar diciendo cual es su ocupación o describiendo su trabajo:

- ✔ **I'm a computer programmer** (aim ei com-*piu*-ter *pro*-gram-mer; Soy programador de computadoras) o **I design computer programs** (ai di-sain com-*piu*-ter *pro*-grams; Diseño programas computacionales).

- ✔ **I'm a truck driver** (aim ei trok *drai*-ver; Soy chofer de camiones) o **I drive a truck** (ai draiv ei trok; Manejo un camión).

Cuando dice su ocupación, debe usar el verbo to be como en **I am a doctor** (ai am ei *doc*-tor; Soy doctor). Cuando describe lo que hace, utilice un verbo que explique su trabajo, como en **I teach . . .** (ai *ti*-ich; Enseño . . .) o **I manage . . .** (ai *ma*-nich; Estoy encargado de . . .).

Si es dueño de su propio negocio, entonces diga **I own a business** (ai oun ei *bis*-nes; Tengo mi propio negocio). También puede decir **I'm self-employed** (aim self em-*ploid*; Trabajo por mi cuenta) o **I work for myself** (ai uerk for mai-*self*; Trabajo por mi cuenta). Una persona mayor que ya no trabaja puede decir **I don't work — I'm retired** (ai dont uerk aim ri-*taird*; No trabajo — Estoy jubilado).

En una situación de negocios es normal ofrecer su **business card** (*bis*-nes card; tarjeta de presentación) después de conocer a alguien. Puede decir **Here's my card** (*ji*-ards mai card; Aquí tiene mi tarjeta). Para pedir la tarjeta de alguien diga **Do you have a card?** (du iu jav ei card; ¿Tiene una tarjeta?).

Palabras para recordar

work	(uerk)	ocupación, empleo
job	(llob)	trabajo
occupation	(o-kiu-pei-chion)	ocupación
a living	(ei liv-ing)	modo de vida
employed	(em-ploid)	empleado
retired	(ri-taird)	jubilado

Las ocupaciones

Estas son algunas ocupaciones específicas para ayudarlo a describir a lo que se dedica (a menos que sea algo muy exótico):

- ✔ **accountant** (a-*kaunt*-ant; contador)
- ✔ **administrator** (ad-*min*-is-trei-tor; administrador)
- ✔ **artist** (*ar*-tist; artista)
- ✔ **CEO** (ci-i-o; presidente de una compañía)
- ✔ **construction worker** (con-*struc*-chion uerker; albañil)
- ✔ **dentist** (*den*-tist; dentista)
- ✔ **doctor** (*doc*-tor; doctor o médico)

✔ **electrician** (i-lec-*tri*-chion; electricista)

✔ **engineer** (en-llin-*i*-ar; ingeniero)

✔ **entertainer** (en-ter-*tein-er*; artista)

✔ **factory worker** (*fac*-to-ri uerker; obrero)

✔ **farmer** (*farm*-er; granjero)

✔ **firefighter** (fair *fait*-er; bombero)

✔ **lawyer** (*lo*-ller; abogado)

✔ **mechanic** (me-*ca*-nic; mecánico)

✔ **painter** (*pein*-ter; pintor)

✔ **plumber** (*plom*-er; plomero)

✔ **police officer** (po-*lis* o-fi-ser; policía)

✔ **professor** (*pro*-fe-sor; profesor)

✔ **psychologist** (sai-*co*-lo-llist; psicólogo)

✔ **salesperson** (seils-*per*-son; vendedor)

✔ **secretary** (*se*-cre-ta-ri; secretaria)

✔ **social worker** (*so*-chial uerker; trabajador social)

✔ **writer** (*rai*-ter; escritor)

¡A Trabajar!

Una vez que la gente se ha enterado a lo que se dedica, la pregunta obligada es **Where do you work?** (juer du iu uerk; ¿En dónde trabajas?). Usted puede contestar de manera general o específica, por ejemplo:

✔ **I work on a construction site.** (ai uerk on ei con-*struc*-chion sait; Trabajo en construcción)

✔ **I have a desk job.** (ai jav ei desk llob; Tengo trabajo de oficina)

✔ **I work for John Wiley & Sons.** (ai uerk for llon *uai*-li and sons; Trabajo para John Wiley & Sons)

Esta es una lista de algunos lugares de trabajo comunes y de vocabulario importante:

- ✔ **factory** (*fac*-to-ri; fábrica)
- ✔ **manufacturing plant** (man-iu-*fac*-chur-ing plant; planta de manufactura)
- ✔ **store** (stor; tienda)
- ✔ **farm** (farm; granja)
- ✔ **office** (*o*-fis; oficina)

Debido a que se pasa mucho tiempo en el lugar de trabajo, es útil conocer algunos términos para describir a sus colegas y su relación de trabajo. Además de su **boss** (bos; jefe) o **employer** (em-*ploi*-ller; patrón), éstas son algunas otras personas con las que puede tener contacto en el trabajo:

- ✔ **business partner** (*bis*-nes *part*-ner; socio): Persona que comparte con usted la posesión de un negocio.
- ✔ **client** (*clain*-ent; cliente): Persona que paga por los servicios de una compañía o de un profesional.
- ✔ **colleague** (*co*-li-ig; colega): Compañero de trabajo en un ambiente profesional o académico.
- ✔ **coworker** (*co*-uerk-er; compañero de trabajo): Cualquier persona que trabaja con usted, por lo general, en un ambiente no profesional.
- ✔ **customer** (*cos*-tom-er; cliente): Persona que acude a una tienda o almacén a comprar algo.

En inglés, la palabra **patron** (*pei*-tron; benefactor o cliente) tiene un significado contrario a una palabra similar en español y en otros idiomas. En inglés, **patron** significa benefactor o cliente — ¡no significa jefe!

Equipo de Oficina

No importando el tamaño, por lo general, los negocios están bien equipados con todo el **office equipment** (*o*-fis i-*quip*-ment; equipo de oficina) y artículos de papelería. Seguramente usted conoce el siguiente equipo; aquí está su equivalente en inglés:

- **computer** (com-*piu*-ter; computadora)
- **copier** (*co*-pi-er; copiadora)
- **eraser** (i-*rai*-ser; borrador)
- **fax machine** (fax ma-*chin*; fax)
- **file cabinet** (fail *ca*-bi-net; archivero)
- **file folders** (fail *fol*-ders; archivos)
- **keyboard** (*ki*-bord; teclado)
- **paper** (*pei*-per; papel)
- **paper clips** (*pei*-per-clips; sujetapapeles)
- **pen** (pen; pluma)
- **pencil** (*pen*-cil; lápiz)
- **stapler** (*stei*-pler; engrapadora)
- **tape** (teip; cinta adhesiva)

El Tiempo Es Oro

En ningún lugar se toma más en serio el dicho de **Time is money** (taim is *mo*-ni; El tiempo es dinero) que en el lugar de trabajo (por muy relajado y amigable que sea el ambiente). El negocio de las corporaciones estadounidenses — y de cualquier compañía, grande o pequeña — es obtener una **profit** (*pro*-fit; ganancia).

Preguntar a alguien su **salary** (*sa*-la-ri; sueldo) se considera una indiscreción, y en algunas compañías, ¡comparar sueldos puede ser motivo para que lo despidan! Sin embargo, es común que la gente haga comentarios generales (buenos y malos) sobre su sueldo — y usted también puede hacerlo. Esto es lo que puede oír o decir:

✔ **I'm paid hourly.** (aim peid *aur*-li; Me pagan por hora.)

✔ **I'm on a salary.** (aim on ei sa-la-ri; Tengo un sueldo fijo.)

✔ **I get minimum wage.** (ai get *mi*-ni-mom ueich; Recibo el salario mínimo.)

✔ **I have a good-paying job.** (ai jav ei gud pei-ing llob; Tengo un trabajo bien pagado.)

✔ **I got a raise.** (ai got ei *re*-is; Recibí un aumento.)

✔ **We received a pay cut!** (ui ri-*civd ei pei cot*; ¡Nos redujeron el sueldo!)

Si mantiene a su familia y lleva a casa el dinero, usted es el **breadwinner** (bred-uin-er; sostén de la familia) o, como dicen los estadounidenses, **you bring home the bacon** (iu bring *jo*-um da *bei*-con; llevas el tocino a casa) — ¡sin ni siquiera ir al supermercado! Estas expresiones se refieren a las personas que trabajan fuera de la casa, a diferencia de ser **homemaker** (*jo*-um *meik*-er; ama de casa) — ¡que es quien en realidad trae el verdadero pan y tocino!

Palabras para recordar

paycheck	(pei-chek)	paga, cheque de paga
wage	(ueich)	pago o salario
salary	(sa-la-ri)	salario
raise	(re-is)	aumento
pay cut	(pei-cut)	reducir el sueldo

Horario de trabajo

El horario normal de la mayoría de los negocios es de
8 a.m. a 5 ó 6 p.m., de lunes a viernes, por lo que en
general la gente tiene **day jobs** (dei llobs; trabajos
durante el día). Sin embargo, un **24-hour business**
(*tuen*-ti for aur *bis*-nes; negocios que están abiertos las
24 horas) o una fábrica, puede tener varios **shifts**
(chifts; turnos). Por ejemplo:

- **day shift** (dei chift; turno diurno): El período de
  trabajo es de 8 a.m. a 5 p.m.

- **night shift** (nait chift; turno nocturno): El período
  de trabajo es durante la tarde o noche. Algunas
  compañías lo dividen en dos turnos: **graveyard
  shift** (greiv-llard chift; turno nocturno, "de
  cementerio"), por lo general de las 12 a.m.
  a las 8 a.m., y **swing shift** (suing chift; turno
  vespertino, "mixto") de las 4 p.m. a las 12 a.m.

La hora del almuerzo y del "cafecito"

Uno de los momentos preferidos del día de trabajo —
sin contar, por supuesto, la **quitting time** (*kuit*-ting
taim; hora de salida) — es **lunch hour** (lonch aur; la
hora del almuerzo). Aunque se le diga hora del
almuerzo, puede ser que sólo tenga media hora para
comer.

El empleado promedio **brown-bags** (braun bags;
bolsa de papel) su almuerzo — es decir, lleva la
comida de su casa, a lo mejor en una bolsa de papel.
Algunas personas prefieren salir de la oficina para
comer. Si un empleado quiere salir a comer algo
rápido, quizá lo invite de la siguiente manera:

- **Do you want to get some lunch?** (du iu uant tu
  get som lonch; ¿Quieres ir a almorzar?)

- **Want to join me for lunch?** (uant tu lloin mi for
  lonch; ¿Quieres acompañarme a almorzar?)

- **Do you want to grab a bite to eat?** (du iu uant
  tu grab ei bait tu *i*-it; ¿Quieres ir a almorzar
  algo?)

Otro momento favorito del día es el **coffee break** (cofi breik; "la hora del cafecito"). La norma es quince minutos dos veces al día. Pero en la mayoría de los trabajos, uno no tiene que esperar para ir al baño o para ir por algo de beber. Sin embargo, fumar se reserva para este momento.

Palabras para recordar

shift	(chift)	turno
lunch hour	(lonch aur)	hora del almuerzo
quitting time	(kuit-*ting* taim)	hora de salida
brown-bag	(braun bag)	bolsa de papel para el almuerzo
to smoke	(tu smo-*uk*)	fumar
to take a break	(tu teik ei breik)	tomar un descanso

Para Hacer una Cita

En esta sociedad tan activa, hacer citas es una parte importante del día. Se ha convertido en algo tan común que antes de hacer planes para salir a tomar un café con un amigo mucha gente dice:

✔ **Let me check my planner.** (let mi chek mai *planner*; Tengo que revisar mi agenda.)

✔ **Let me look at my schedule.** (let mi luk at mai *ske*-diul; Tengo que revisar mi horario.)

Así de importante es tener un horario organizado. Con unas cuantas simples frases, usted también podrá hacer citas en inglés con toda tranquilidad. Ahora, encontrar un momento en que ambas partes estén libres, ¡eso es otra historia!

Observe las siguientes expresiones para concertar una cita:

- ✔ **I'd like to make an appointment with you.** (aid laik tu meik an a-point-ment uid iu; Me gustaría hacer una cita contigo.)

- ✔ **Can we schedule a meeting?** (can ui *ske*-diul ei *mi*-it-ing; ¿Podemos planear una junta?)

- ✔ **Let's schedule a time to meet.** (lets *ske*-diul ei taim tu *mi*-it; Vamos a fijar una hora para reunirnos.)

Y como respuesta, la persona puede decir:

- ✔ **When would you like to meet?** (juen *u*-ud iu laik tu *mi*-it; ¿Cuándo te gustaría que nos reuniéramos?)

- ✔ **When are you free?** (juen ar iu fri; ¿Cuándo tienes tiempo?)

- ✔ **I can meet on . . .** (ai can mit on; Me puedo reunir . . .)

- ✔ **I'm free on . . .** (aim fri on; Tengo tiempo . . .)

Palabras para recordar

to set up	(tu set op)	fijar, concertar
to make	(tu meik)	hacer
to schedule	(tu ske-diul)	programar
to check	(tu chek)	revisar

schedule	(*ske*-diul)	horario
planner	(*plan*-ner)	agenda
appointment	(a-*point*-ment)	cita
meeting	(*mi*-it-ing)	junta o reunión formal

Hay veces que las personas no pueden acudir a una cita o no pueden cambiar su horario. Si necesita **cancel** (*can*-cel; cancelar) o **reschedule** (ri-*ske*-diul; posponer) una cita, lo puede hacer con las siguientes expresiones:

- ✔ **I'm sorry. I have to reschedule our appointment.** (aim *sor*-ri ai jav tu ri-*ske*-diul aur a-*point*-ment; Disculpa. Tengo que posponer nuestra cita.)

- ✔ **Is it possible to reschedule?** (is it *po*-si-bul tu ri-*ske*-diul; ¿Es posible posponerla?)

- ✔ **I need to change our meeting date.** (ai *ni*-id tu cheinch aur *mi*-it-ing deit; Tengo que cambiar la fecha de nuestra junta.)

Para Manejar las Llamadas Telefónicas Como Todo un Profesional

Las llamadas telefónicas son absolutamente indispensables tanto en los negocios como en la vida diaria. Esta sección incluye las frases y palabras más comunes al hablar por teléfono, junto con algunos trucos útiles para que los demás lo entiendan mejor.

Ring, ring! Cómo contestar una llamada

El saludo más común para contestar el teléfono es un simple **Hello** (*je*-lou; Hola) o **Hello?** (¿Bueno?).

Quizá también le contesten con los siguientes saludos:

- ✔ **Yes?** (ies; ¿Sí?)

- ✔ **Einstein residence, Albert speaking.** (*ain*-stain *re*-si-dens *al*-bert *spi*-ik-ing; La residencia de la familia Einstein. Habla Albert.)

 Algunas veces la gente contesta el teléfono con su nombre y la palabra **here** (*ji-ar*, aquí), como en **Al here** (al *ji-ar*, Aquí Al). Sin embargo, cuando usted conteste el teléfono sólo diga **Hello.** Si contesta con **Yes?** o **Al here** puede sonar un poco frío e impersonal.

Para hacer una llamada

Digamos que tiene que **make a call** (meik ei col; hacer una llamada). El teléfono **rings** (rings; suena), alguien contesta y dice **Hello?**

Ahora es su turno. Sólo diga **Hello,** hable despacio, e identifíquese con una de las siguientes frases:

- ✔ **This is . . .** (dis is; Habla . . .). Esto se dice si la persona que contesta lo conoce.

- ✔ **My name is . . .** (mai naim is; Mi nombre es . . .). Diga esto si la persona que contesta no lo conoce.

A continuación, pregunte por la persona con la que quiere hablar, de la siguiente manera:

- ✔ **Is _____ there?** (is _____ der; ¿Está _____?)

- ✔ **May I speak to _____?** (mei ai *spi*-ik tu _____; ¿Puedo hablar con _____?)

Ahora se preguntará, ¿qué es lo que debe contestar la persona al otro lado de la línea? Eso depende de la situación. Imagine que llama a su amigo Devin. Usted dice **Hello. Is Devin there?** (*je*-lou is *de*-vin der; Hola. ¿Puedo hablar con Devin?). Observe las situaciones que se pueden presentar.

- ✔ Devin contesta el teléfono y dice: **This is Devin** (dis is *de*-vin; Habla Devin) o **Speaking** (*spi*-ik-ing; Al habla).

- ✔ Devin no contesta pero sí se encuentra en casa. La persona que contesta dice: **Just a minute** (llosta ei *mi*-nut; Un momento) o **Hold on a minute. Who's calling please?** (jold on ei *mi*-nut *ju*-us *co*-ling *pli*-is; Un momento por favor, ¿quién le llama?)

- ✔ Devin sí está pero no puede contestar. La persona que contesta puede decir: **Devin can't come to the phone now. Can I have him call you back?** (*de*-vin cant com tu da foun nau can i jav jim col iu bak; Devin no puede contestar en este momento. ¿Puede llamarte un poco más tarde?) o **Can he call you back? He's busy** (can ji col iu bak *ji*-is *bi*-si; ¿Puede llamarte más tarde? Está ocupado.).

Si Devin no está en casa, quizá quiera dejarle un recado. Consulte la sección "Cómo dejar un recado" para que tenga mayor información de lo que debe decir.

Si una **caller** (*col*-er; persona que llama) dice **Who is this?** (ju is dis; ¿Quién habla?) en el momento en que alguien contesta la llamada, no está siendo muy educada. Por el contrario, si usted hace una llamada y no se identifica, es correcto que la persona que contesta le pregunte **Who is this?** or **Who's speaking?** (*ju*-us *spi*-ik-ing; ¿Quién habla?).

Palabras para recordar

telephone	(te-le-*foun*)	teléfono
phone	(*foun*)	teléfono
cell phone	(*cel foun*)	teléfono celular
the other end	(da *o*-der end)	al otro lado
to make a call	(tu maik ei col)	hacer una llamada
to receive a call	(tu ri-ci-*iv* ei col)	recibir una llamada

Cómo dejar un recado

Cuando llama a alguien, puede tener suerte de que conteste la persona, pero no es raro que conteste una **answering machine** (an-ser-ing ma-*chin*; máquina contestadora) o **voicemail** (vois meil; correo de voz) que dice **Please leave a message** (*pli*-is *li*-iv ei *mes*-ich; Por favor deja un mensaje) o **Leave me a message** (*li*-iv mi ei *mes*-ich; Deja un mensaje).

Después de que el correo de voz o la máquina contestadora le dé tono, deje un mensaje corto.

> **This is Sam. My number is 555-1624. Please give me a call. Thank you. Goodbye.** (dis is sam mai *nom*-ber is tu faiv faiv faiv uon siks tu four *pli*-is guiv mi ei col zank iu *gud*-bai; Habla Sam. Mi número es 555-1624. Por favor llámame. Gracias. Adiós.)

Si la persona a la que llamó no está, pero otra persona contesta el teléfono, quizá quiera pedirle que le diga a su amigo que **call you back** (col iu bak; contestar la llamada) o **give him a message** (guiv jim ei *meis*-ich; dejar un recado).

Estas son algunas variaciones para dejar y tomar un recado.

- ✔ La persona que toma el recado puede decir: **Can I take a message?** (can ai teik ei *meis*-ich; ¿Quieres dejar un recado?), **Do you want me to have him call you back?** (du iu uant mi tu jav jim col iu bak; ¿Quieres que le diga que le llame?), o **Should I ask her to call you?** (chud ai ask jer tu col iu; ¿Quieres que le pida que te llame?).

- ✔ La persona que quiere dejar un mensaje puede decir: **May I leave a message?** (mei ai *li*-iv ei *meis*-ich; ¿Puedo dejar un recado?), **Could you give her a message?** (cud iu guiv jer ei *meis*-ich; ¿Puedes darle un recado?), **Would you tell him I called?** (*u*-ud iu tel jim ai cold; ¿Puedes decirle que hablé?), o **Please ask her to return my call** (*pli*-is ask jer tu ri-*turn* mai col; Por favor dile que me llame.).

Las palabras **could** (cud; puede o podría) y **would** (*u*-ud; pasado de **will**) son formas corteses de **can** (can; poder) y **will** (uil; verbo auxiliar del futuro). Por lo general se usan **could** y **would** cuando se habla con alguien por teléfono que no es un amigo cercano.

¡Perdón! Marqué el número equivocado

Si se da cuenta que marcó un número equivocado, sólo diga:

- ✔ **Oops, sorry.** (*u*-ups *so*-ri; ¡Ay! Disculpe.)
- ✔ **Sorry. I think I dialed the wrong number.** (*so*-ri ai zink ai daild da rong *nom*-ber; Disculpe. Creo que marqué el número equivocado.)

Palabras para recordar

to take a message	(tu taik ei meis-ich)	tomar un recado
to leave a message	(tu li-iv ei meis-ich)	dejar un recado
to give her a message	(guiv jer ei meis-ich)	dar un recado
tell him I called	(tel jim ai cold)	dile que llamé
call someone back	(col som-uon bak)	contestar la llamada
return someone's call	(ri-turn som-uons col)	devolver la llamada

Capítulo 9

Me Sé Mover en la Ciudad: Medios de Transporte

• •

En Este Capítulo

▶ En el aeropuerto

▶ Conozca los medios de transporte

▶ ¿Cómo llego a . . . ?

• •

*E*ste capítulo presenta vocabulario útil para viajar, así como información para salir del aeropuerto, usar el transporte público, rentar un coche, viajar por las carreteras de los Estados Unidos, y pedir indicaciones de cómo llegar a algún lugar.

Para Entrar y Salir del Aeropuerto

En los aeropuertos estadounidenses casi todos los letreros están en inglés (a menos que se encuentre cerca de la frontera con México o Québec, Canadá). Estos son algunos de los letreros que verá:

▶ **Baggage Claim** (*bak*-ech cleim; Reclamo de equipaje)

▶ **Immigration** (i-mi-*grei*-chion; Inmigración)

- **Customs** (*cost*-oms; Aduana)
- **Information** (in-for-*mei*-chion; Información)
- **Arrivals** (a-*rai*-vals; Llegadas)
- **Departures** (di-*part*-churs; Salidas)
- **Ground Transport** (graund *trans*-port; Transporte terrestre)

La mayoría de la gente se siente un poco nerviosa al pasar por Inmigración y Aduanas, pero si no trae nada que esté prohibido en los Estados Unidos, el proceso burocrático es muy sencillo. Asegúrese de tener los documentos necesarios — **visa** (*vi*-sa; visa), **passport** (*pas*-port; pasaporte), y su **airline ticket** (*eir*-lain *ti*-ket; boleto de avión) — y siga los señalamientos que dicen **Immigration.**

En la Aduana le pueden pedir que abra o desempaque su maleta y conteste algunas preguntas sobre ciertos artículos. Estas son algunas expresiones que debe conocer:

- **Please open your bags.** (*pli-is* open ior bags; Por favor, abra sus maletas.)
- **Do you have any items to declare?** (du iu jav *e*-ni *ai*-tems tu di-*cleir*; ¿Tiene algo que declarar?)

Palabras para recordar

luggage	(lo-*guich*)	equipaje
baggage	(ba-*guich*)	maletas o equipaje
bags	(bags)	maletas
schedule	(ske-*llul*)	horario
ticket	(ti-*ket*)	boleto
passport	(pas-*port*)	pasaporte

Después de pasar por los puntos de revisión obligatorios y que ha recogido su equipaje, deberá seguir los señalamientos para el transporte terrestre, en donde puede tomar un **taxi** (*tak*-si; taxi), un **bus** (bos; camión), o el **airport shuttle** (*eir*-port *cha*-tel; vehículo de cortesía del aeropuerto).

Uso del Transporte Público

Si está de visita en una de las grandes ciudades del país como Chicago, NuevaYork, San Francisco, Washington, entre otras, tendrá acceso a transporte público excelente, y en la mayoría de los casos, eficiente. Hay varios camiones que recorren la ciudad constantemente. Los **commuter trains** (co-*miu*-ter treins; trenes locales) y **subways** (*sob*-ueys; metro o trenes subterráneos) se usan ampliamente.

Si busca estaciones para tomar el transporte público, puede preguntar a alguien indicaciones de cómo llegar de la siguiente forma:

- ✔ **Where is the closest train station?** (juer is da *cloe*-sest trein stei-chion; ¿En dónde está la estación de tren más cercana?)

- ✔ **Where is the nearest bus stop?** (juer is da *ni*-arest bos stop; ¿En dónde está la parada de camión más cercana?)

- ✔ **Where can I find the subway?** (juer can ai faind da *sob*-uey; ¿En dónde queda el metro?)

Para poder moverse por la ciudad en camión, tome un horario en la estación o pregunte a una persona del lugar dónde lo puede conseguir. Las **bus routes** (bos rauts; rutas de camión) están numeradas, y por lo general hay que pagar las tarifas con cambio exacto, a menos que compre un **bus pass** (bos pas; boleto o pase de autobús) para varios días.

Estas son algunas frases que pueden ayudarlo cuando utiliza el transporte público:

- ✔ **How do I get to _____ Street?** (jau du ai get tu _____ strit; ¿Cómo llego a la calle _____ ?)

- ✔ **Which train goes to _____ ?** (juich train gous tu _____; ¿Qué tren llega a _____ ?)

- ✔ **Where do I catch number _____ bus?** (juer du ai catch *nom*-ber _____ bos; ¿En dónde puedo tomar el camión número _____ ?)

- ✔ **Is there a more direct route to _____ Street?** (is der ei mor *di*-rect raut tu _____; ¿Existe una ruta más directa para _____ ?)

- ✔ **May I have a transfer?** (mei ai jav ei *trans*-fer; ¿Puedo transbordar?)

- ✔ **Where does this bus go?** (juer dos dis bos gou; ¿A dónde va este camión?)

- ✔ **Does this bus go to _____?** (dos dis bos gou tu _____ ; ¿Este camión va a _____ ?)

- ✔ **Please tell me where to get off the bus.** (*pli*-is tel mi juer tu get of da bos; Por favor, dígame dónde me bajo.)

- ✔ **Can you tell me when we get to my stop?** (can iu tel mi juen ui get tu mai stop; ¿Me puede decir cuando lleguemos a mi parada?)

Palabras para recordar

bus	(bos)	camión
train	(train)	tren
subway	(sob-uey)	metro
route	(raut)	ruta
bus pass	(bos pas)	boleto, pase de autobús
transfer	(trans-fer)	transbordo
direct route	(di-rect raut)	ruta directa

Para llamar a un taxi

En algunas ciudades importantes y alrededor del centro de las ciudades, encontrará **taxis** (*tak*-sis; taxis) en las calles esperando para recoger pasajeros. Pero en varias ciudades y pueblos pequeños, tiene que llamar a un servicio de taxis para que lo recojan. Las **taxi fares** (*tak*-si feirs; tarifas de taxi) son fijas a tanto por milla, y la tarifa aparece en el **meter** (*mi*-ter; taxímetro) que es una caja montada en el tablero.

Estas son algunas frases que necesitará cuando se sube a un taxi:

> ✔ **I'd like to go to** _____ . (aid laik tu gou tu _____ ; Quiero ir a _____ .)
>
> ✔ **Please take me to** _____ . (*pli*-is teik mi tu _____ ; Por favor, lléveme a _____ .)

Viajes largos por autobús, tren, o avión

Si tiene poco dinero pero mucho tiempo, o si sólo quiere ver el paisaje, los viajes largos en camión son para usted. Compre un **one-way** (uon uey; boleto sencillo o de ida o vuelta) o un **round-trip ticket** (raund trip *tik*-et; boleto redondo o de ida y vuelta) en la **bus station** (bos *stei*-chion; estación de camiones).

Si quiere ir un poco más cómodo, tome el **train** (trein; tren). Para tener un poco más de lujo (y precio), puede comprar un **private sleeper** (*prai*-vet *sli*-per; camerino) que es un compartimiento pequeño para dormir, y disfrutar de sus comidas en el **dining car** (*dai*-ning car; carro comedor).

Por su valor, la opción más solicitada por la mayoría de la gente que viaja dentro de los Estados Unidos es **air travel** (eir travel; viaje aéreo). Puede tomar un **plane** (plein; avión) y atravesar el país en cuatro horas aproximadamente. Asegúrese de llegar temprano para registrar sus maletas, pasar por **security check** (se-*kiur*-i-ti chek; seguridad), y llegar a la **gate** (geit; sala de espera).

Estas son algunas frases útiles cuando compra un boleto de avión:

- **I need a round-trip ticket to _____ .** (ai nid ei raund trip *ti*-ket tu _____ ; Necesito un boleto redondo para _____ .)

- **I want to leave April 3rd and return April 10th.** (ai uant tu liv *ei*-pril zurd and ri-*turn ei*-pril tenz; Quiero salir el tres de abril y regresar el diez.)

- **Is that a nonstop flight?** (is dat ie non stop flait; ¿Es un vuelo sin escalas?)

- **What's the fare?** (juats da feir; ¿Cuánto cuesta?)

- **I want a window (aisle) seat.** (ai uant ei *uin*-dou (ail) sit; Quiero un asiento de ventana (pasillo).)

Palabras para recordar

one-way	(uan uey)	viaje sencillo, de ida o vuelta
round-trip	(raun trip)	viaje redondo, de ida y vuelta
ticket counter	(*ti*-ket *caun*-ter)	ventanilla de boletos
travel agency	(*tra*-vel ei-*llen*-ci)	agencia de viajes
station	(stei-*chion*)	estación

Cuando viaja, cualquiera que sea el medio de transporte, es probable que quiera saber qué tan lejos está su destino, y cuánto tiempo se va a tardar en llegar. Con estas dos preguntas, puede enterarse fácilmente de la distancia y el tiempo de viaje:

✔ **How far is it?** (jau far is it; ¿Qué tan lejos está?)

✔ **How long does it take to get there?** (jau long dos it teik tu get der; ¿Cuánto se tarda en llegar?)

✔ **What is the best route to take?** (jaut is da best raut tu teik; ¿Cuál es la mejor ruta?)

La Renta de Coche

¿Le gusta lanzarse a la aventura solo y disfrutar de la libertad de viajar a su propio ritmo? ¿O simplemente necesita un coche para un viaje corto o de negocios? Si es así, puede rentar un auto y experimentar la mayor de las aventuras — ¡manejar en los **freeways** (*fri*-ueys; carreteras, autopistas) de los Estados Unidos.

En la alquiladora de autos

En los Estados Unidos existen varias compañías de renta de automóviles, y cada una tiene procedimientos y requisitos específicos. Dependiendo de la compañía, tiene que tener por lo menos de 18 a 25 años para rentar un coche, y necesita lo siguiente:

✔ Una **driver's license** (*drai*-vers *lai*-cens; licencia de manejo) válida: La licencia puede ser internacional o de su propio país.

✔ Una **credit card** (credit card; tarjeta de crédito): Generalmente, las compañías sólo aceptan American Express, MasterCard, y Visa.

La mayoría de las compañías rentan por **day** (dei; día) y dan **miles** (mails; millas) gratis — lo que significa que no le cobran por el número de millas que maneja. Estos son algunos términos que necesita conocer cuando escoja un coche:

✔ **compact** (*com*-pact; compacto)

✔ **luxury** (*lok*-chu-ri; de lujo)

✔ **minivan** (*mi*-ni van; minivan)

✔ **two-door** (tu dor; dos puertas)

✔ **four-door** (for dor; cuatro puertas)

✔ **automatic** (*auto*-ma-tic; automático)

✔ **stick shift** (stik chift; de velocidades)

En el camino

Antes de lanzarse a manejar por las carreteras o a las calles de la ciudad, necesita conocer algunas **rules of the road** (ruls of da roud; reglas de tránsito) importantes y cómo interpretar **road signs** (road sains; señales de tránsito). Antes que nada recuerde que en los Estados Unidos se maneja del **right-hand side** (rait jand said; lado derecho) del camino.

Algunas señales de tránsito son universales o por lo menos lógicas. Por ejemplo, una señal con el dibujo de unos niños caminando y llevando libros, indica claramente que tiene que tener cuidado porque hay niños que van y vienen de la escuela. Estas son algunas descripciones de señales básicas de tránsito:

✔ **Stop** (stop; alto): Un hexágono rojo con letras blancas.

✔ **Yield** (*lli*-ald; ceda el paso): Un triángulo blanco con borde rojo.

✔ **One-Way** (uan uey; un solo sentido): Una flecha blanca con un rectángulo negro.

✔ **No U-Turn** (nou iu turn; prohibida la vuelta en U): Un rectángulo blanco con una flecha negra en forma de U invertida y el símbolo universal rojo de NO atravesado.

✔ **Railroad Crossing** (*reil*-roud *cros*-ing; cruce de tren): Una X negra sobre fondo blanco con las letras RR.

En algunos estados se permite la vuelta a la **right** (rait; derecha) cuando el semáforo está en rojo, pero sólo en el carril de la derecha y sólo cuando no viene nadie. Cuide que no pasen peatones y asegúrese de que no haya signos que digan **No Turn on Red** (nou turn on red; No hay vuelta a la derecha en rojo).

Palabras para recordar

stop sign	(stop sain)	señal de alto
traffic light	(tra-fic lait)	semáforo
pedestrian	(pe-des-tri-an)	peatón
crosswalk	(cros-uak)	cruce peatonal
intersection	(in-ter-sec-chion)	intersección

La compra de gasolina

Mientras maneja, de pronto se da cuenta que tiene que encontrar una **gas station** (gas *stei*-chion; gasolinera). Si no encuentra ninguna señal que indique que hay una gasolinera cerca, deténgase y haga una de estas preguntas:

✔ **Where is the nearest gas station?** (juer is da *ni*-ar-est gas *stei*-chion; ¿Dónde está la gasolinera más cercana?)

✔ **Where can I buy gas?** (juer can ai bai gas; ¿Dónde puedo comprar gasolina?)

Tenga en mente que la mayoría de las gasolineras en Estados Unidos son **self-service** (self *ser*-vis; autoservicio), lo que quiere decir que usted mismo tiene que **pump** (pomp; bombear) la gasolina. Pero en algunos lugares todavía puede encontrar estaciones de **full-service** (ful *ser*-vis; servicio completo), en donde un **attendant** (a-*tend*-ant; encargado) le pondrá gasolina y quizá cheque el **oil** (oil; aceite) y las **tires** (tairs; llantas).

El **price per gallon** (prais per *ga*-lon; precio por galón) se indica en la bomba, y puede pagar antes o después de cargar gasolina, dependiendo de cada gasolinera. Por lo general se paga adentro, en lo que sería un pequeño **mini-market** (mini-*mar*-ket; tiendita) que vende bocadillos y bebidas.

Hay cuatro tipos básicos de gasolina: **unleaded** (*on*-led-ed; sin plomo), **regular** (*re*-guiu-lar; regular), **super** (*su*-per; súper), y **diesel** (*di*-sel; diesel). Si paga la gasolina por adelantado, utilice una de las siguientes expresiones para indicar al dependiente cuánta gasolina quiere:

- ✔ **I want 10 gallons of regular.** (ai uant ten *ga*-lons of *re*-guiu-lar; Quiero diez galones de gasolina regular)

- ✔ **Give me 20 dollars of unleaded.** (guiv mi *tuen*-ti *do*-lars of *on*-led-ed; Deme veinte dólares de gasolina sin plomo)

- ✔ **I want to fill it up.** (ai uant tu fil it op; Quiero llenar el tanque.) La expresión **fill it up** significa llenar todo el tanque de gasolina.

Palabras para recordar

gas station	(gas *stei*-chion)	gasolinera
pump	(pomp)	bomba
to pump	(tu pomp)	bombear
oil	(oil)	aceite
gas tank	(gas tank)	tanque de gasolina
tires	(tairs)	llantas

Para Pedir Direcciones

Cuando viaja o está tratando de ubicarse en un lugar desconocido, necesita preguntar a alguien indicaciones de dónde se encuentran las cosas. Es completamente aceptable acercarse a alguien o entrar a una tienda y hablar con el encargado. La gente le ayudará con gusto si conoce algunas frases de cortesía como:

- ✔ **Excuse me.** (eks-*kius*-mi; Disculpe)
- ✔ **Pardon me.** (*par*-don mi; Perdone)
- ✔ **Can you help me?** (can iu jelp mi; ¿Me puede ayudar?)

Ahora que sabe cómo captar la atención de alguien, las siguientes secciones le van a indicar cómo pedir direcciones para llegar a algún lugar.

¿Cómo llego a . . . ?

Es requisito obligatorio saber cómo pedir **directions** (di-*rec*-chions; direcciones). Estas son algunas preguntas para encontrar el lugar que busca:

- ✔ **How do I get to a bank?** (jau du ai guet tu ei bank; ¿Cómo llego al banco?)
- ✔ **Where's the grocery store?** (juers da *gro*-cher-i stor; ¿Dónde está el supermercado?)
- ✔ **Is there a public restroom nearby?** (is der ei *po*-blic *rest*-ru-um *ni*-ar-bai; ¿Hay un baño público cerca de aquí?)
- ✔ **How do I find _____ ?** (jau du ai faind _____ ; ¿Cómo encuentro _____ ?)
- ✔ **Please direct me to _____ .** (*pli*-is di-*rect* mi tu _____ ; Por favor indíqueme cómo llegar a _____ .)

La siguiente lista contiene más vocabulario relativo a lugares y frases que se usan para pedir direcciones: **Excuse me, where is . . .** (eks-*kius* mi juer is; Disculpe, ¿dónde está . . .):

- ✔ **. . . the freeway?** (da *fri*-uey; la carretera?)
- ✔ **. . . the main part of town?** (da main part of taun; el centro del pueblo?)
- ✔ **. . . the bus station?** (da bus *stei*-chion; la estación de camiones?)
- ✔ **. . . a good restaurant?** (ei gud *res*-ta-rant; un buen restaurante?)
- ✔ **. . . a pharmacy?** (a *far*-ma-ci; una farmacia?)
- ✔ **. . . Carnegie Hall?** (*car*-ne-gui jol; el Carnegie Hall?)

Palabras para recordar

public restroom	(*po*-blic rest-ru-um)	baño público
grocery store	(*gro*-ser-i stor)	supermercado
bank	(bank)	banco
pharmacy	(*far*-ma-ci)	farmacia
ladies' room	(lei-*dis* ru-um)	baño de mujeres
men's room	(mens ru-um)	baño de hombres
post office	(post o-fis)	oficina de correos

Viajar en la dirección correcta

Cuando alguien le da direcciones, puede que escuche alguna de estas palabras:

- ✔ **straight** (streit; de frente, derecho)
- ✔ **right** (rait; derecha)
- ✔ **left** (left; izquierda)
- ✔ **on the corner of** (on da *cor*-ner of; en la esquina de)
- ✔ **block** (blok; cuadra)
- ✔ **stoplight** (*stop*-lait; semáforo) or **light** (lait; luz)
- ✔ **stop sign** (stop ain; señal de alto)
- ✔ **intersection** (in-ter-*sek*-chion; cruce, intersección)
- ✔ **road** (roud; camino)
- ✔ **street** (strit; calle)
- ✔ **avenue** (*a*-ve-nu; avenida)

Los siguientes tres verbos se usan, con frecuencia, como verbos de "dirección" con las anteriores palabras de "lugar":

- ✔ **to follow** (tu *fa*-lou; seguir)
- ✔ **to turn** (tu turn; dar vuelta)
- ✔ **to take** (tu teik; tomar)

> **Follow** y **turn** son verbos regulares (que terminan con –ed en el pasado). Sin embargo, **take** es un verbo irregular, con **took** y **taken** como sus conjugaciones en pasado. Consulte el Capítulo 2 para tener más información sobre verbos regulares e irregulares.

Follow en este contexto significa continuar en una dirección en particular como en:

✔ **Follow this road for a few miles.** (*fo*-lou dis roud for ei fiu mails; Sigue este camino por unas cuantas millas.)

✔ **This road follows the coast.** (dis roud *fo*-lous da coust; Este camino bordea la costa.)

Si alguien le da direcciones con la palabra **take**, le está indicando que recorra un camino específico o le está diciendo la ruta que él usa. Los siguientes ejemplos le muestran dos significados de la palabra **take**:

✔ **Take this road for two blocks.** (teik dis roud for tu bloks; Toma este camino por dos cuadras.)

✔ **I usually take Highway 80 to Salt Lake City.** (ai *ius*-iu-a-li teik *jai*-uey *ei*-ti tu salt leik *ci*-ti; Por lo general tomo la carretera ochenta hacia Salt Lake City.)

Turn right (turn rait; da vuelta a la derecha), **turn left** (turn left; da vuelta a la izquierda), o **turn around** (turn a-*raund*; da vuelta) son usos comunes de **turn**.

Algunas veces una calle **turns into** (turn *in*-tu; se vuelve) otra calle, lo que significa que la calle cambia de **name** (nei-m; nombre). En este caso, **turns into** es lo mismo que **becomes** (bi-*coms*; convertirse).

Observe estos ejemplos con **turn**:

✔ **Turn right at First Street.** (turn rait at first *stri*-it; Da vuelta en First Street.)

✔ **Mission Street turns into Water Street after the light.** (*mi-chion stri*-it turns *in*-tu *ua*-ter *stri*-it *af*-ter da lait; Mission Street se vuelve Water Street después del semáforo.)

✔ **He went the wrong way, so he turned around.** (ji uent da rong uey sou ji turnd a-*raund*; Se fue por el camino equivocado, así que se dio la vuelta.)

Preposiciones de lugar

Las preposiciones de lugar le indican el sitio en donde algo se encuentra en relación a un punto de referencia. Así que, como se puede imaginar, es casi imposible entender o dar direcciones sin estas preposiciones — ¡Estaría literalmente perdido! Por ejemplo, la preposición **next to** (nekst tu; junto a, al lado de) en esta oración **My house is next to the bakery** (mai jaus is nekst tu da _beik_-e-ri; Mi casa está junto a la pastelería) le dice que mi casa y la pastelería están lado a lado (¡y que probablemente como muchas galletas recién horneadas!). Estas son algunas de las preposiciones más comunes para dar direcciones:

- **before** (bi-_for_; antes)
- **after** (_af_-ter; después)
- **near** (_ni_-ar; cerca)
- **next to** (nekst tu; al lado de, junto)
- **across from** (a-_cros_ from; al otro lado de)
- **in front of** (in front of; enfrente de, frente a)
- **around the corner** (a-_round_ da _cor_-ner; a la vuelta de la esquina)
- **on the right** (on da rait; a la derecha)
- **on the left** (on da left; a la izquierda)
- **in the middle** (in da _mi_-del; en medio de)
- **at the end** (at da end; al final)

Siempre lleve una pequeña libreta (y una pluma o un lápiz) para que pueda pedir que le dibujen un mapa cuando le den direcciones. Sólo diga **Can you draw me a map, please?** (can iu dra mi ei map _pli_-is; ¿Me puede dibujar un mapa, por favor?).

¿Hacia el norte o hacia el sur?

Algunas personas tienen un gran sentido de la ubicación. Siempre saben para dónde está el

✔ **north** (norz; norte)

✔ **south** (sauz; sur)

✔ **east** (*i*-ist; este)

✔ **west** (uest; oeste)

Aunque todo el mundo sabe que el sol sale por el este y se mete por el oeste, puede ser que se sienta **turned around** (turnd a-*raund*; desorientado) cuando se encuentra en un lugar que no conoce. Así que si la persona que le está indicando el camino le dice vaya hacia el este, pero no está seguro hacia dónde es eso, sólo pregunte:

✔ **Do you mean left?** (du iu *mi*-in left; ¿Quiere decir a la izquierda?)

✔ **Do you mean right?** (du iu *mi*-in rait; ¿Quiere decir a la derecha?)

✔ **Is that right or left?** (is dat rait or left; ¿Eso es a la derecha o a la izquierda?)

Capítulo 10

Un Lugar para Descansar

- -

En Este Capítulo

▶ La casa

▶ De visita

▶ La limpieza de la casa

▶ Los hoteles

- -

*S*i pregunta a los estadounidenses cuál es el Sueño Americano, contestarán "ser dueño de una casa." Ya sea que renten o sean propietarios, la mayoría pasa mucho tiempo en casa y disfrutan de tener invitados. Este capítulo presenta la típica casa estadounidense y le enseña a mantenerla limpia y en buenas condiciones. También le muestro cómo registrase en un hotel cuando está de viaje.

La Casa y el Hogar

Por lo general, los estadounidenses utilizan la palabra **house** (jaus; casa) para describir la estructura física, como en **I live in a house** (ai liv in ei jause; Vivo en una casa). Pero se dice **I'm going home** (aim *go*-ing *jo*-um; Me voy a casa (hogar)) o **Welcome to my home** (*juel*-com tu mai *jo*-um; Bienvenido a mi casa (hogar)) para referirse a su refugio personal, un lugar para relajarse y rejuvenecer. Estos son algunos tipos de viviendas a los que la gente llama hogar:

> ✔ **apartment** (*a*-part-ment; departamento)
>
> ✔ **condominium** (con-do-*mi*-nium; condominio)
>
> ✔ **mobile home** (*mo*-bil *jo*-um; casa rodante)

Abra la puerta y pase a una típica **residence** (*re*-si-dens; casa) estadounidense, en donde, dependiendo del tamaño, encontrará estos cuartos:

- ✔ **bedroom** (*bed-ru*-um; recámara)
- ✔ **bathroom** (*baz-ru*-um; baño)
- ✔ **den** (den; estudio) o **family room** (*fa*-mi-li *ru*-um; salón familiar)
- ✔ **dining room** (*dain*-ing *ru*-um; comedor)
- ✔ **kitchen** (*kit*-chen; cocina)
- ✔ **living room** (*liv*-ing *ru*-um; sala)
- ✔ **office** (*of*-fis; oficina)
- ✔ **utility room** (iu-*ti*-li-ti *ru*-um; lavandería)
- ✔ **hall** (jal; corredor)
- ✔ **stairs** (steirs; escaleras)
- ✔ **second floor** (*se*-cond flor; segundo piso)
- ✔ **basement** (*beis*-ment; sótano)
- ✔ **porch** (porch; porche)
- ✔ **deck** (dek; terraza)
- ✔ **patio** (pa-ti-o; patio)
- ✔ **yard** (iard; jardín)

En los Estados Unidos, el nivel que da a la calle de una casa o edificio se conoce como **first floor** (first flor; primer piso) o **ground floor** (graund flor; planta baja), y el siguiente nivel es el **second floor** (*se*-cond flor; segundo piso), seguido por el **third floor** (zird flor; tercer piso) y así en adelante.

Estas son listas de las cosas que puede encontrar en una casa, comenzando con los muebles de la cocina:

- ✔ **cabinets** (*cab*-i-nets; gabinetes)
- ✔ **microwave** (*mai*-cro-ueiv; horno de microondas)
- ✔ **refrigerator** (ri-*fri*-ller-ei-tor; refrigerador)

✔ **sink** (sink; fregadero)

✔ **stove** (stouv; estufa)

Muebles del comedor:

✔ **hutch** (jutch; vitrina)

✔ **table and chairs** (*tei*-bul and cheirs; mesa y sillas)

En la sala encontrará:

✔ **armchair** (*arm*-cheir; sillón)

✔ **coffee table** (co-fi *tei*-bul; mesa de centro)

✔ **couch** (kauch; sofá)

✔ **desk** (desk; escritorio)

✔ **end table** (end *tei*-bul; mesita)

✔ **fireplace** (*fair*-er pleis; chimenea)

✔ **lamp** (lamp; lámpara)

Muebles de la recámara:

✔ **bed** (bed; cama)

✔ **closet** (*clo*-set; clóset)

✔ **dresser** (*dres*-ser; cómoda)

En el baño está:

✔ **bathtub** (*baz*-tub; tina)

✔ **shower** (*chau*-er; regadera)

✔ **sink** (sink; lavamanos)

✔ **toilet** (*toi*-let; excusado)

Si quiere describir las cosas en su casa, es útil usar preposiciones de espacio o ubicación. Éstas indican el lugar exacto en el que se encuentran las cosas en relación a un punto. Por ejemplo, la preposición **on** (on; en, sobre) en la oración **The cat is on the sofa** (da cat is on da *so*-fa; El gato está en el sofá) le dice el lugar exacto en donde se encuentra el gato — sobre los cojines del sofá. Estas son algunas preposiciones de ubicación que es bueno que conozca:

- **above** (a-*bov*; arriba de)
- **against** (a-*gainst*; junto con o pegado a)
- **behind** (bi-*jaind*; detrás de)
- **below** (bi-*lo*-u; debajo de)
- **beside** (bi-*said*; al lado de)
- **in** (in; en) o **inside of** (in-*said* of; dentro de)
- **in front of** (in front of; en frente de)
- **near** (*ni*-ar; cerca)
- **next to** (nekst tu; junto a o al lado de)
- **on** (on; en, sobre) o **on top of** (on top of; sobre)
- **under** (*on*-der; debajo de) o **underneath** (on-der-*ni*-az; debajo de)

Si una amiga le pide que le ayude a reacomodar sus **furniture** (*fur*-ne-chur; muebles), tendrá que conocer algunas preposiciones de ubicación para que el tapete quede debajo y no sobre la mesa de centro. Estas son algunas de las frases que puede decir su amiga, en especial, si ella es la que dirige y usted el que trabaja.

- **Move the couch against the wall.** (muv da cauch a-*gainst* da ual; Pon el sillón contra la pared.)
- **Put the table near the window.** (put da *tei*-bul *ni*-ar da *uin*-do-u; Pon la mesa cerca de la ventana.)
- **Lay the rug in front of the door.** (lei da rug in front of da dor; Pon el tapete frente a la puerta.)
- **Tired? Sit down on the couch.** (taird *sit daun* on da cauch; ¿Estás cansado? Siéntate en el sofá.)

¡Bienvenidos!: De Visita

Cuando los estadounidenses dicen **Come over some-time** (com o-ver *som*-taim; Ven cuando quieras), no están extendiendo una invitación formal para que los visite. Esta frase es una expresión de amistad y una indicación de que la persona quizá lo invite en el futuro. Una invitación formal incluye la fecha y la hora específica. Por ejemplo:

- ✔ **Can you come to my house for dinner next Tuesday?** (can iu com tu mai jaus for *din*-ner nekst tus-dei; ¿Puedes venir a cenar a mi casa el próximo martes?)

- ✔ **We'd like to have you over for dinner. How about this Saturday?** (*ui*-id laik tu jav iu *o*-ver for *din*-ner jau a-*bout* dis *sa*-tur-dei; Nos encantaría que vinieras a cenar. ¿Qué te parece este sábado?)

Y usted puede contestar:

- ✔ **Thank you. That would be great.** (zank iu dat *u*-ud bi greit; Gracias. ¡Será formidable!)

- ✔ **I'd love to come. Thank you.** (aid lov tu com zank iu; Me encantaría ir. Gracias.)

Palabras para recordar

to invite	(tu in-*vait*)	invitar
invitation	(in-vi-tei-*chion*)	invitación
to visit	(tu *vi*-sit)	visitar
guest	(guest)	invitado
host	(*jo*-ust)	anfitrión
welcome	(*uel*-com)	bienvenido
gift	(guift)	regalo

Cuando se es **guest** (guest; invitado) en la casa de alguien, es de buen gusto llevar un **gift** (guift; regalo) al anfitrión. No es necesario, pero es muy apreciado.

Cuando la invitación no es muy formal puede llevar dulces, un postre, flores, vino, o una buena cerveza. Cuando entrega el regalo puede decir:

- **This is for you.** (dis is for iu; Esto es para ti.)
- **I brought you something.** (ai *bro*-ut iu som-zing; Te traje un detalle.)

Si se va a quedar a pasar la noche o va a pasar una temporada en casa de alguien, es recomendable llevar un regalo más esmerado o enviar un **thank-you gift** (zank iu gift; regalo de agradecimiento) después de irse.

Limpieza y Reparación de la Casa

A muy poca gente le gusta hacer **housework** (*jaus*-work; quehaceres domésticos) o **home repairs** (*jo*-um *ri*-peirs; reparaciones de la casa), pero alguien tiene que hacer el trabajo. Las siguientes frases lo ayudarán a mantenerse ocupado.

La limpieza

Cuando esté listo para hacer la limpieza (o cuando haya encontrado a alguien que la haga por usted), utilice las siguientes expresiones para las tareas básicas:

- **clean the bathroom** (*cli*-in da *baz*-ru-um; limpia el baño)
- **scrub the toilet** (scrob da *toi*-let; limpia o talla el excusado)
- **vacuum the carpets** (*va*-cu-um da *car*-pets; aspira las alfombras)
- **mop the floors** (mop da flors; trapea los pisos)
- **wash the dishes** (uach da *dich*-es; lava los platos)
- **dust the furniture** (dost da *fur*-ni-chur; sacude los muebles)

✔ **wash the windows** (uach da *uin*-do-us; lava las ventanas)

✔ **do the dishes** (du da *dich*-es; lava los platos)

✔ **do the laundry** (du da lon-dri; lava la ropa)

✔ **do the ironing** (du da *ae*-er-ning; plancha)

✔ **make the beds** (meik da beds; tiende las camas)

✔ **make a meal** (meik ei *mi*-al; haz o prepara la comida)

Ya sea que usted mismo haga los quehaceres domésticos y **yard work** (*iard* work; jardinería) o que contrate a alguien para que lo haga, es útil conocer los nombres de algunas herramientas y productos básicos, ¡sobre todo cuando quiere pedir prestado el rastrillo de su vecino! Estos son los nombres de algunos artículos para limpiar el interior de la casa:

✔ **broom** (*bru*-um; escoba)

✔ **mop** (mop; trapeador)

✔ **dishcloth** (*dich*-cloz; trapos de cocina)

✔ **dish towel** (dich *tau*-el; toalla para secar platos)

✔ **dishwasher** (*dich*-uach-er; lavadora de platos)

✔ **detergent** (de-*ter*-gent; detergente)

✔ **washer** (*ua*-cher; lavadora)

✔ **dryer** (*drai*-ller; secadora)

✔ **furniture polish** (*fur*-ni-chur po-lich; pulidor de muebles)

✔ **cleanser** (*clen*-ser; limpiador)

Las siguientes herramientas son útiles para el **yard work**:

✔ **lawn mower** (lon *mo*-uer; podadora de pasto)

✔ **garden hose** (*gar*-den *jo*-us; manguera)

✔ **rake** (reik; rastrillo)

✔ **clippers** (*clip*-pers; tijeras de jardinería)

Cómo resolver problemas y hacer reparaciones

Ha llovido todo el día, y de pronto, no sólo llueve afuera, ¡está **dripping** (*drip*-ping; goteando) en la alfombra, también! Es hora de pedir ayuda.

Si está rentando, llame al **landlord** (*land*-lord; arrendador) o **landlady** (*land-lei*-di; arrendadora). Pero si usted es el dueño, tendrá que pedir ayuda a alguna de las siguientes personas:

- ✔ **electrician** (i-lec-*tri*-chion; electricista)
- ✔ **plumber** (*plo*-mer; plomero)
- ✔ **repair person** (ri-*peir* per-son; persona que hace todo tipo de reparaciones)
- ✔ **roofer** (*ru*-uf-er; persona que repara techos)

Cuando su casa se esté convirtiendo en un lago, y llame al **plumber** (o al **landlord**), querrá describir el problema rápidamente y de manera clara. Las siguientes frases lo ayudarán a explicar la situación:

- ✔ **The roof is leaking.** (da *ru*-uf is *li*-ik-ing; El techo está goteando.)
- ✔ **The drain is clogged.** (da drein is clogt; La tubería del drenaje está tapada.)
- ✔ **The toilet has overflowed.** (da *toi*-let jas o-ver-*flo*-ud; El excusado se está derramando.)
- ✔ **The light switch doesn't work.** (da lait suitch *do*-sent uerk; El contacto de la luz no funciona.)

Quizá sea un genio para reparar cosas, o quiere ahorrar dinero haciéndolo usted mismo. En ese caso, la **hardware store** (*jard*-uer stor; ferretería) tiene justo lo que necesita. Puede conseguir las **tools** (tuls; herramientas) que necesita, consejos del vendedor, y hasta un libro de reparaciones "hágalo usted mismo." En la siguiente lista le doy algunas "herramientas" para que pueda realizar el trabajo:

- ✔ **wrench** (rench; llave)
- ✔ **pliers** (*plai*-ers; pinzas)
- ✔ **screwdriver** (*scru*-u *drai*-ver; desarmador)
- ✔ **screws** (*scru*-us; tornillos)
- ✔ **hammer** (*jam*-mer; martillo)
- ✔ **nails** (neils; clavos)
- ✔ **caulking** (*ko*-king; sellador)
- ✔ **masking tape** (*mas*-king teip; cinta adhesiva)

Una Noche fuera de Casa

Cuando no puede estar en casa, quizá tenga que pasar la noche en un **hotel** (*jo*-tel; hotel). Esta sección le enseña las frases que necesita conocer para moverse en un hotel sin problemas.

Las reservaciones

Si quiere asegurar que tendrá un lugar donde pasar la noche (cosa que la mayoría de la gente quiere después de un viaje largo), debe reservar un cuarto algunos días antes de su llegada. La mayoría de los hoteles y moteles tienen **toll-free numbers** (tol *fri*-i *nom*-bers; números telefónicos gratuitos) — por lo general son números 1-800 — que puede utilizar para llamar con anticipación y hacer su reservación.

Las siguientes frases le ayudarán a comenzar el proceso de reservación:

- ✔ **I'd like to make a reservation for June 15.** (aid laik tu meik ei re-ser-*vei*-chion for llun fif-*ti*-in; Quiero hacer una reservación para el quince de junio.)

- ✔ **Do you have any vacancies for the night of July 8?** (du iu jav *e*-ni *vei*-can-cis for da nait of llu-*lai* eit; ¿Tiene cupo para la noche del ocho de julio?)

✔ **I'd like to reserve a room for two people for August 22.** (aid laik tu ri-*serv* ei *ru*-um for tu *pi*-pol for *a*-gost *tuen*-ti-tu; Quisiera reservar un cuarto para dos personas para el veintidós de agosto.)

Consulte el Capítulo 3 para tener mayor información sobre cómo decir las fechas.

Para finalizar su reservación, el hotel necesita conocer la siguiente información:

✔ **arrival date** (a-*rai*-val deit; fecha de llegada)

✔ **departure date** (di-*part*-chur deit; fecha de salida)

✔ **number of people staying in the room** (*nom*-ber of *pi*-pol *stei*-ing in da *ru*-um; número de personas que ocuparán el cuarto)

✔ **credit-card number** (*cre*-dit card *nom*-ber; número de tarjeta de crédito)

✔ **special needs** (*spe*-chial *ni*-ids; requerimientos especiales como **cribs** (cribs; cunas), **wheelchair accessibility** (*juil*-cher ak-*sesi*-biliti; acceso para silla de ruedas), y **dietary needs** (*daie*-tary *ni*-ids; dietas especiales)

Si espera hasta llegar al lugar para conseguir un lugar para quedarse, puede pedir a la gente del lugar que le recomiende un hotel, ir al centro de información turística, o buscarlo usted mismo. Cuando vea un letrero que dice **vacancy** (*vei*-can-ci; vacante), es que hay cuartos disponibles. Pero un letrero de **no vacancy** (nou *vei*-can-ci; no hay vacantes) significa que tiene que buscar en otro lado porque el hotel está lleno o **booked** (bukt; totalmente reservado). Si no ve un letrero, entre y pregunte: **Do you have any vacancies?** (du iu jav *e*-ni *vei*-can-cis; ¿Tiene cuartos disponibles?).

Palabras para recordar

reservation	(re-ser-vei-chion)	reservación
arrival	(a-rai-val)	llegada
vacancy	(vei-can-ci)	vacante
a room	(ei ru-um)	habitación, cuarto
queen-size bed	(kui-in sais bed)	cama queen size
king-size bed	(king sais bed)	cama king size

Los estadounidenses utilizan las palabras **ma'am** (*ma*-am; señora) y **sir** (ser; señor) como términos de cortesía y respeto. Es común que los digan las personas que prestan un servicio. El término **miss** (mis; señorita) se utiliza para referirse a una niña o señorita.

El registro

La hora de **check-in** (chek in; registro) en la mayoría de los hoteles y moteles es alrededor de las 2 ó 3 p.m. Por supuesto que puede registrarse a cualquier hora, pero no garantizan que el cuarto estará listo antes de la hora de registro establecida.

El **front desk** (front desk; recepción) es, por lo general, un buen lugar para encontrar información sobre el área que visita, como mapas, folletos de restaurantes, museos, y otros puntos de interés. El personal del hotel responderá con gusto a sus preguntas y quizá ofrecerán sugerencias. Ellos son también a quién debe acudir cuando necesite algo — **extra towels** (extra tauels; toallas extra), una **hairdryer** (jer-draier; secadora de pelo), una **iron** (*ai*-ron; plancha), etc.

Palabras para recordar

front desk	(front desk)	recepción
a tip	(ei tip)	propina
porter	(por-ter)	botones
bellhop	(bel-hop)	botones
luggage	(lo-guech)	equipaje
bags	(bags)	maletas o bolsos
suitcase	(sut-keis)	maleta

Se acostumbra dar propina al personal de los hoteles. Si el servicio es excelente, puede dejar una **tip** (tip; propina) generosa, pero recuerde que el no hacerlo se considera de mal gusto y hasta grosero. Estos son algunos consejos acerca de a quién darle propina y cuánto.

- ✔ **porter/bellhop** (*por*-ter/*bel*-hop; botones): \$1 por maleta
- ✔ **valet attendant** (va-*le* a-*ten*-dent; camarero): \$2–\$5
- ✔ **housekeeper/maid** (*jaus*-ki-ip-er/meid; recamarera): \$1–\$2 al día
- ✔ **room service** (*ru*-um *ser*-vis; servicio al cuarto): 15 por ciento de propina incluida; \$1 a la persona que lo lleva

Registro de salida

En la mayoría de los hoteles la hora de **check-out** (chek aut; registro de salida) es a las 11 a.m. o al mediodía. En ese momento, se paga la cuenta que incluye los servicios extra que utilizó. Después del registro de salida, si no quiere irse de inmediato, puede dejar su equipaje en recepción o en un área especial.

Capítulo 11

Cómo Enfrentar las Emergencias

• •

En Este Capítulo

▶ Conseguir ayuda rápidamente

▶ Cómo enfrentar las emergencias y los peligros

▶ Descripción de los problemas de salud

• •

*N*o es divertido pensar en emergencias médicas o legales, y quizá esté tentado a pasar este capítulo lo más rápido posible. Sin embargo, siempre es mejor prevenir que lamentar. A continuación le muestro palabras y frases clave para que pueda enfrentar todo tipo de situaciones inesperadas o repentinas, como desastres naturales, accidentes, problemas de salud, y emergencias legales.

Cómo Actuar ante una Emergencia

Seguramente usted no es ajeno a las pequeñas **emergencies** (i-*mer*-llen-sis; emergencias) de la vida, como una llanta ponchada, un niño con las rodillas raspadas, y perder las llaves de la casa. Pero las emergencias importantes, como las situaciones **life-threatening** (laif *zret*-en-ing; de vida o muerte) y los **natural disasters** (*na*-chu-ral dis-*as*-ters; desastres naturales), afortunadamente son más raras, por lo que puede sentirse menos preparado para enfrentar cosas como:

- **accident** (*ak*-si-dent; accidente)
- **earthquake** (*erz*- kueik; temblor o terremoto)
- **fire** (*fai*-ar; incendio)
- **flood** (flod; inundación)
- **hurricane** (*jur*-i-kein; huracán)
- **robbery** (*ro*-ber-i; robo)
- **tornado** (tor-*nei*-do; tornado)

Para pedir ayuda y advertir a los demás

Cuando necesita ayuda urgentemente, no tiene tiempo de buscar el diccionario, así que memorice las siguientes palabras de emergencia — ¡y siempre téngalas a la mano!

- **Help!** (jelp; ¡Ayuda!)
- **Help me!** (jelp mi; ¡Ayúdenme!)
- **Fire!** (*fai*-ar; ¡Fuego!)
- **Call the police!** (col da po-*lis*; ¡Llamen a la policía!)
- **Get an ambulance!** (get an *am*-biu-lans; ¡Consigan una ambulancia!)

Si tiene que **warn** (uarn; advertir) a otros de un **danger** (*dein*-ller; peligro) inminente, estas expresiones le ayudarán a dar la voz de alarma rápidamente:

- **Look out!** (luk aut; ¡Cuidado!)
- **Watch out!** (uatch aut; ¡Cuidado!)
- **Get back!** (get bak; ¡Regresa!)
- **Run!** (ron; ¡Corre!)

Cuando no hay tiempo que perder y es importante
que las cosas sean rápidas, puede añadir una de estas
palabras para movilizar a la gente:

✔ **Quick!** (kuik; ¡Rápido!)

✔ **Hurry!** (*ju*-ri; ¡Apúrense!)

✔ **Faster!** (*fas*-ter; ¡Más rápido!)

Palabras para recordar

emergency	(i-*mer*-llen-si)	emergencia
to warn	(tu uarn)	advertir
to help	(tu jelp)	ayudar
to faint	(tu feint)	desma-yarse
danger	(*dein*-ller)	peligro
injury	(in-*llu*-ri)	herida

Llamando al 911

En los Estados Unidos, el número que hay que marcar
en caso de una emergencia es el **911** (nain uon uon;
nueve uno uno). Este número lo conecta con un
dispatcher (*dis*-patch-er; operador) que recibe la
información y la envía a la policía, a los bomberos, o
a una ambulancia. Si llama al 911, el operador le
preguntará el lugar de la emergencia, el número
telefónico desde el que está llamando, y si hay
heridos.

Palabras para recordar

to report	(tu ri-*port*)	reportar
911	(nain uon uon)	911 (número de emergencias)
Help!	(jelp)	¡Ayuda!
police	(po-*lis*)	policía
fire department	(fair *di*-part-ment)	departamento de bomberos
ambulance	(*am*-biu-lans)	ambulancia

Con el Doctor

Estar **sick** (sik; enfermo) o **injured** (in-*llurd*; lastimado) no es agradable; quizá necesite ayuda o **treatment** (*tri*-it-ment; tratamiento) médico. Si su **condition** (con-*di*-chion; condición) no es grave, tiene tiempo para pedir a un amigo, a un colega, o incluso a la persona de recepción de un hotel que le recomiende un doctor. Utilice una de las siguientes frases:

- **Do you know a good doctor?** (du iu *no*-u ei gud *doc*-tor; ¿Conoces a un buen doctor?)

- **Can you recommend a doctor?** (can iu re-com-*mend* ei *doc*-tor; ¿Me puedes recomendar a un doctor?)

Espero que nunca necesite ayuda médica urgente, pero en caso contrario estas frases le ayudarán:

- **I feel sick.** (ai *fi*-al sik; Me siento mal.)

- **I'm injured.** (aim *in*-llurd; Estoy lastimado.)

✓ **I need a doctor.** (ai *ni*-id ei *doc*-tor; Necesito un doctor.)

✓ **Please call a doctor.** (*pli*-is col ei *doc*-tor; Por favor llamen a un doctor.)

Quizá usted esté bien, pero alguien más esté enfermo o herido. Esta es la forma en la que puede preguntar que le pasa:

✓ **What's wrong?** (juats rong; ¿Qué te pasa?/¿Qué tienes?)

✓ **What's the matter?** (juats da *ma*-ter; ¿Qué te pasa?)

✓ **What happened?** (juat *ja*-pend; ¿Qué pasó?)

Palabras para recordar

doctor	(*doc*-tor)	doctor
physician	(fi-si-*chian*)	médico
clinic	(cli-*nik*)	clínica
walk-in clinics	(uok in cli-*niks*)	clínicas en las que no se necesita una cita
24-hour medical clinics	(tuen-ti for ur-aur me-di-cal cli-*niks*)	clínicas de servicio las 24 horas
hospital	(jos-*pi*-tal)	hospital
emergency room	(i-*mer*-llen-ci *ru*-um)	sala de emergencias
injury	(in-*llu*-ri)	herida
sick	(sik)	enfermo

¿Dónde le duele?

Cuando el doctor le pregunta **Where does it hurt?**
(juer dos it jert; ¿Dónde le duele?) o **Where is the
pain?** (juer is da pein; ¿Dónde tiene el dolor?), es
necesario saber los nombres de las partes del cuerpo
afectadas y cómo pronunciarlas. Observe la siguiente
lista:

Para la **head and face** (jed and feis; cabeza y cara):

- **cheeks** (*chi*-iks; mejillas)
- **chin** (chin; barbilla, mentón)
- **ear** (*i*-ar; oreja)
- **eye** (ai; ojo)
- **forehead** (*for*-jed; frente)
- **lips** (lips; labios)
- **mouth** (mauz; boca)
- **nose** (*no*-us; nariz)
- **neck** (nek; cuello)

Para el **torso** (*tor*-so; torso):

- **back** (bak; espalda)
- **chest** (chest; pecho)
- **hip** (jip; cadera)
- **shoulders** (*chol*-ders; hombros)
- **stomach** (*stou*-mak; estómago)

Para las **limbs** (limbs; extremidades):

- **arms** (arms; brazos)
- **elbow** (*el*-bou; codo)
- **hand** (jand; mano)
- **finger** (*fin*-ger; dedo)

✔ **knee** (*ni*-i; rodilla)

✔ **leg** (leg; pierna)

✔ **thigh** (zai; muslo)

✔ **foot** (fut; pie)

✔ **toe** (tou; dedo del pie)

Algunas personas dicen que la belleza es superficial, pero debajo de la piel está la belleza del funcionamiento interno del cuerpo: la sangre, los huesos, y los **organs** (*or*-gans; órganos):

✔ **insides** (in-saids; entrañas)

✔ **artery** (*ar*-ter-i; arteria)

✔ **blood** (blod; sangre)

✔ **bone** (boun; hueso)

✔ **heart** (jart; corazón)

✔ **intestine** (in-*tes*-tin; intestino)

✔ **kidney** (*kid*-ni; riñón)

✔ **liver** (*li*-ver; hígado)

✔ **lung** (long; pulmón)

✔ **muscle** (*mo*-sel; músculo)

✔ **vein** (vein; vena)

En inglés hay muchas frases idiomáticas que incluyen partes del cuerpo. Por ejemplo: **to foot the bill** (tu fut da bil; poner el pie en la cuenta) significa ser la persona que paga la cuenta de alguien más; y **to have a heart** (tu jav ei jart; tener corazón) se usa para alentar a alguien a que sea más compasivo. Otra expresión idiomática chistosa, que bien podría hacer referencia al costo del cuidado médico, es **to cost an arm and a leg** (tu cost an arm and ei leg; ¡costar un brazo y una pierna!).

Malestares y dolores: Descripción de síntomas

La habilidad que tenga para describir **symptoms** (*sim*-toms; síntomas) puede ayudar al doctor a darle el **diagnosis** (dai-ak-*nou*-sis; diagnóstico) y el tratamiento correctos.

Estas "dolorosas" palabras le ayudarán a decir al doctor lo que le pasa:

- **broken bone** (*brou*-ken boun; hueso roto)
- **burn** (burn; quemadura)
- **cramp** (kramp; calambre)
- **cut** (cot; cortada)
- **diarrhea** (dai-a-*ri*-a; diarrea)
- **dizzy** (*di*-si; mareado)
- **fever** (*fi*-ver; fiebre)
- **food poisoning** (fud *poi*-son-ing; intoxicación por alimentos)
- **nauseated** (*no*-sie-ted; con náusea)
- **scratch** (scratch; arañazo, raspón)
- **sore throat** (*so*-ar zroat; dolor de garganta)
- **sprain** (sprein; torcedura, desgarre)
- **earache** (*i*-ar-eik; dolor de oído)
- **headache** (*jed*-eik; dolor de cabeza)
- **stomachache** (*sto*-mek-iek; dolor de estómago)

Pronuncie la **ch** (che) en **ache** como **k** (ka) y pronuncie la **a** (a) con el sonido largo de **a**. Consulte el Capítulo 1 para más detalles sobre los sonidos de vocales y la pronunciación.

Abra la Boca: De Visita con el Dentista

Use las siguientes frases para explicar al **dentist** (*den*-tist; dentista) la naturaleza de su visita:

- ✔ **My teeth need cleaning.** (mai tiz *ni*-id *cli*-in-ing; Necesito una limpieza dental.)

- ✔ **I have a toothache.** (ai jav ei tu-uz-eik; Me duele un diente o una muela.)

- ✔ **I have a cavity.** (ai jav ei *ca*-vi-ti; Tengo caries.)

- ✔ **I broke a tooth.** (ai *bro*-uk ei *tu*-uz; Me rompí un diente.)

- ✔ **I lost a filling.** (ai lost ei *fil*-ing; Se me cayó una tapadura.)

- ✔ **My crown came off.** (mai craun keim *o*-of; Se me cayó una corona.)

- ✔ **My dentures hurt my mouth.** (mai *den*-churs jurt mai mauz; La dentadura postiza me lastima la boca.)

El dentista puede sugerir los siguientes tratamientos:

- ✔ **I'll have to pull this tooth.** (ail jav tu *pu*-ul dis *tu*-uz; Tengo que sacar este diente.)

- ✔ **I can make you a bridge.** (ai can meik iu ei brich; Puedo hacerle un puente.)

- ✔ **I can replace your filling.** (ai can ri-*pleis* ior *fil*-ling; Puedo reponerle su tapadura.)

- ✔ **I can recement your crown.** (ai can ri-ci-*ment* ior craun; Puedo pegar nuevamente la corona.)

- ✔ **I can adjust your dentures.** (ai can a-*llost* ior *den*-churs; Puedo ajustar su dentadura.)

Cuando Hay un Crimen

Por supuesto no quiere pensar en un **crime** (craim; crimen) cuando está viajando y se está divirtiendo. Pero recuerde que la libertad de viajar puede darle una idea falsa de seguridad. Y como extranjero, es más difícil que determine qué situaciones pueden ser potencialmente **dangerous** (*dein*-ller-os; peligrosas).

Si necesita pedir a alguien que se aleje o lo deje en paz, hágalo con convicción, y en voz muy alta diga:

- ✔ **Go away!** (gou a-*uey*; ¡Vete!)
- ✔ **Get away!** (get a-*uey*; ¡Aléjate!)
- ✔ **Stop!** (stop; ¡Basta! ¡Detente!)

Palabras para recordar

rights	(raits)	derechos
law	(lau)	ley
lawyer	(lau-*ller*)	abogado
attorney	(a-tur-*ni*)	abogado
crime	(craim)	crimen
suspect	(*sos*-pect)	sospechoso
Stop!	(stop)	¡Basta! ¡Detente!

Capítulo 12

Diez Errores a Evitar Cuando Se Habla en Inglés

• •

En Este Capítulo

▶ ¡Cuidado con lo que dice!

▶ Para no quedar en ridículo

▶ Corrección de errores gramaticales comunes

• •

lgunas veces el error más pequeño puede provocar la más grande (y chistosa) equivocación. Pero no se preocupe, sólo diga **Oops! What did I say wrong?** (*u*-ups juat did ai sei rong; ¡Ay! ¿Qué fue lo que dije?). Con suerte, alguien le dirá su error y usted podrá reírse de las trampas del idioma. Este capítulo habla sobre algunos de los errores más comunes que deben de evitarse cuando se habla inglés.

Making Out at the Gym

En una ocasión, el esposo de mi amiga, que es extranjero, le dijo que iba al gimnasio **to make out** (tu meik aut), que en inglés significa "besar larga y apasionadamente" (y quizá un poco más que eso); ella estaba más intrigada que celosa. "¿A sí?, le preguntó, ¿Y con quién?" "Pues con mis amigos," contestó tranquilamente. Como ella ya estaba acostumbrada a estos errores, asumió que lo que quería decir (o al menos eso esperaba) era que iba al gimnasio a **work out** (uerk aut) es decir, hacer ejercicio. Así es que si quiere **work out** vaya al gimnasio; si quiere **make out**, ¡quizá debería de escoger un lugar un poco más íntimo!

Your Wife Is Very Homely

Un visitante extranjero, que agradecía a su anfitrión por haberlo invitado a cenar a su casa, le dice: **Your wife is very homely** (iur uaif is *ve*-ri *jo*-um li; Tu esposa está muy fea). ¿Perdón? Bueno, quizá es cierto, pero el que me lo digas es una falta de respeto (y un poco riesgoso). ¿Por qué? ¡Porque **homely** significa "carente de belleza" o "fea"!

El invitado quería decir **homey** (*jo*-um-i) que significa "placentera," "cálida," y "hogareña." Pero decir esto de alguien tampoco es correcto. Una casa, y no una persona, puede ser **homey.** Una persona puede ser una buena **homemaker** (*jo*-um-mei-ker; ama de casa) o que tiene la casa bonita o agradable. Así que si evita cometer este error, de seguro lo vuelven a invitar a cenar (¡Y se estará ahorrando un posible golpe en la nariz!).

You Smell!

Hablar de los cinco sentidos es muy simple, pero tenga cuidado. Está bien decir **I see** (ai *si-i*; Ya veo) cuando entiende algo, y **I heard** (ai jerd; Sí, lo escuché) cuando ya se ha enterado de alguna noticia. Pero si dice **I smell** (ai smel; Yo huelo), ¡la gente se alejará y quizá le sugiera que se dé un baño! **I smell** significa "Despido un mal olor" o "¡Apesto!" Si le gusta el perfume de alguien y le dice **you smell** (iu smel; Hueles) ¡el cumplido se convierte en falta de respeto y arruinará su velada!

Debe decir **I smell something good** (ai smel *som*-zing gud; Huelo algo delicioso) o **Something smells bad** (*som*-zing smels bad; Algo huele feo). Si le gusta el olor del perfume o la loción de alguien, diga **you smell nice** (iu smel nais; ¡Qué rico hueles!). Un consejo más: Cuando no pueda respirar a causa de un resfriado, no diga **I smell bad** (ai smel bad; Huelo mal) — porque significa "Apesto." En su lugar, diga **I can't breathe well** (ai cant briz uel; No puedo respirar bien). ¡Por supuesto que si ha estado haciendo ejercicio durante una hora, decir **I smell** sería muy atinado!

My Mom Cooks My Friends for Dinner

¿Sus amigos evitan visitarlo en su casa? Quizá está cometiendo un error cuando los invita a cenar. He escuchado que algunos estudiantes dicen, **My mom will cook us** (mai mom uil cuk os; Mi mamá nos va a cocinar) y **She likes to cook my friends for dinner** (chi laiks tu cuk mai frends for *din*-er; A mi mamá le gusta cocinar a mis amigos). "¿De verdad?" "¿Y también te come a ti?" ¡Puede cocinar un pollo, algunas verduras, o un platillo, pero nunca cocinar a sus hijos!

Lo que mis estudiantes quieren decir es **My mom will cook for us** (mai mom uil cuk for us; Mi mamá nos va a preparar algo de comer) y **She likes to cook dinner for my friends** (chi laiks tu cuk *din*-er for mai frends; Le gusta cocinar para mis amigos). Siempre utilice la preposición **for** (for; para) entre la palabra **cook** y la persona que va a comer. El sustantivo que sigue a **cook** como **dinner** (*din*-er; cena), **a steak** (steik; bistek), etc., es lo que se cocina y se come. ¡Así que invite a sus amigos a la casa de su mamá a cenar pero no los cocine!

Friends and Lovers

Una estudiante coreana muy tímida me presentó a su amigo diciendo **This is my lover** (dis is mai *lo*-ver; Él es mi amante). ¡¿Cómo respondes cuando alguien te presenta a la persona con la que tiene relaciones sexuales?! **Lover** (*lo*-ver; amante) significa pareja sexual en inglés. Quizá decía la verdad, ¡pero uno no revela detalles tan íntimos en público!

Ella debió decir **This is my boyfriend** (dis is mai *boi*-frend; Él es mi novio). Las palabras **boyfriend** (*boi*-frend; amigo, novio), **girlfriend** (*guirl*-frend; amiga, novia), **sweetheart** (*suit*-jart; enamorado/a), **fiancé** (fi-an-*ce*; prometido), y **fiancée** (fi-an-*ce*-e; prometida) describen un compañero o amigo íntimo, pero **lover** es personal. Varios diccionarios dan la palabra **lover** como traducción para **boyfriend, girlfriend,** etc. pero omiten decir que **lover** implica sexo. Por lo tanto, no use esta palabra a menos que se refiera a una relación sexual.

Por otro lado, si escucha a alguien diciendo **I'm a nature lover** (aim ei *nei*-chur *lo*-ver; Soy un amante de la naturaleza) o **I'm an animal lover** (aim an *a*-ni-mal *lo*-ver; Soy un amante de los animales), no se preocupe, simplemente quiere decir que a la persona le importan mucho los animales y la naturaleza.

I Wet My Pants

Durante una junta un hombre de negocios extranjero derramó un poco de refresco en sus pantalones. Los quería limpiar, así es que se levantó y se disculpó diciendo **Excuse me, I wet my pants** (eks-*kius* mi ai uet mai pants; Disculpen, me oriné en los pantalones). ¡¿Qué?! Todo el mundo lo volteó a ver sorprendido. ¡Que vergonzoso! ¡Quizá tiene un problema de control de esfínteres y necesita usar pañal! Bueno, creo que entiende lo que quiero decir. La expresión **I wet my pants** significa "Me oriné en los pantalones."

¡Si dice esto, es seguro que atraerá muchas miradas humillantes!

El hombre debió haber dicho **I got my pants wet with soda** (ai got mai pants uet wiz *so*-da; Se me cayó el refresco en los pantalones) o **I spilled soda on my pants** (ai spild *so*-da on mai pants; Derramé el refresco en los pantalones). De igual forma debe evitar decir **I soiled my pants** (ai soild mai pants; Me ensucié en los pantalones); en su lugar diga **I got dirt on my pants** (ai got durt on mai pants; Me cayó tierra en los pantalones) o **I got my pants dirty** (ai got mai pants *dur*-ti; Ensucié los pantalones).

Where I Leave My Privates

Los errores más extraordinarios suceden cuando la gente usa las palabras equivocadas. Por ejemplo, en una ocasión, durante una conversación en clase, un estudiante dijo que le gustaba tener su propio departamento y explicó, **"Because I can leave my privates there"** (bi-*cos* ai can *li*-iv mai *prai*-vets der; Porque puedo dejar mis partes privadas allí). ¿Sus **privates**? ¡Increíble! No sabía que era posible dejar las partes privadas en casa, pero si es así, ¡no se lo diga a toda la clase! Por supuesto que los estudiantes no tenían idea de lo que dijo. La palabra **privates** es una forma antic-uada y sutil de referirse a las partes privadas de una persona.

Lo que quería decir era **my private possessions** (mai *praiv*-vet po-*se*-chions; mis pertenencias), o **my personal things** (mai *per*-so-nal zings; artículos person-ales). ¡Da mucha tranquilidad contar con un lugar en el que TODO puede quedar bien guardado!

I Swear!

Quizá le interese aprender algunas **swear words** (suer uerds; groserías) en otro idioma. ¡Pero tenga cuidado! Es complicado saber exactamente cuándo y dónde puede usarlas, y es aún más complicado usar **dirty words** (*dur*-ti uerds; malas palabras). El lenguaje de las calles y las letras de las canciones están salpicadas de groserías, pero este lenguaje no se usa en otras situaciones. Incluso palabras menos fuertes como **hell** (jel; demonios) y **damn** (dam; maldición) pueden ofender a algunas personas y hacerlo parecer poco sofisticado en algunas ocasiones. Por regla general, tiene que haber vivido en un país por varios años para saber cuándo es aceptable usar groserías.

I Love Your Husband!

Una de mis estudiantes dice: **"I love your husband"** (ai lov iur *jos*-band; Amo a su esposo). ¿Qué?, le digo, ¡¿Amas a mi esposo?! **"Oops! I mean, I love my own husband"** (*u*-ups ai min ai lov mai oun *jos*-band; ¡Ay!, No, lo que quiero decir es, amo a mi esposo), me dice, mientras corrige un error muy común. Este es otro error que escucho con frecuencia: **I will go to my country to visit your parents** (ai uil gou tu mai *con*-tri tu *vi*-sit iur *pa*-rents; Voy a mi país a visitar a sus padres). ¿A quién? ¿A mis padres? Pero si ellos viven aquí en los Estados Unidos.

En este caso el problema es el uso excesivo del adjetivo posesivo **your** (iur; su/sus), que ayuda a identificar cosas que pertenecen a la persona con la que habla. Pero **your** no es una palabra multiusos que se adapta a cualquier situación. No puede usarse para hacer referencia a cosas que le pertenecen o que pertenecen a una tercera persona (él, ella, o esto).

Never Make No Double Negatives

El uso de negativos dobles (dos negativos en una frase) es aceptado en algunos idiomas y en algunas formas vernáculas del inglés. Pero en el inglés estándar los negativos dobles son incorrectos, porque al igual que en matemáticas, dos negativos hacen un positivo. Por ejemplo, si regresa de la tienda sin nada, no diga **I didn't buy nothing** (ai *did*-int bai no-*zing)*; No compré nada). Eso significa "Compré algo," ¡que es lo opuesto a lo que quería decir! Dos maneras de decirlo correctamente son: **I didn't buy anything** (ai *did*-int bai *e*-ni-zing; No compré nada) o **I bought nothing** (ai bot *no*-zing; No compré nada).

Se aceptan dos negativos en una frase cuando uno de ellos es un prefijo. Por ejemplo, **I'm not unhappy** (aim not *un*-japi; No soy infeliz) implica "Soy feliz . . . o al menos contento." En este caso, los dos negativos crean una idea positiva o neutra, lo que es correcto, porque eso es lo que quiere expresar.

Capítulo 13

Diez Palabras Que Se Confunden Fácilmente

. . . .

En Este Capítulo

▶ Reglas sencillas para escoger la palabra correcta

▶ Encontrando el sentido a los sentidos

▶ Distinción entre sonido y significado

. . . .

*E*l idioma inglés consta de, posiblemente, 2 millones de palabras y muchas de ellas pueden confundirse con otras. Este capítulo le da algunas reglas sencillas para esclarecer la "confusión" de algunas de las palabras más confusas.

Coming y Going

¿No sabe si **coming** (*com*-ing; viene/vienes) o **going** (*gou*-ing; va/vas)? Las palabras **come** (com; venir) y **go** (gou; ir) causan muchos problemas a la gente; siga estas reglas para evitarlos:

Use **go** para referirse a un lugar en el que no está al momento de hablar.

Por ejemplo, si vive en los Estados Unidos, quizá tenga la siguiente conversación:

- ✔ **When will you go back to your country?** (juen uil iu gou bak tu iur *con*-tri; ¿Cuándo regresarás a tu país?)

- ✔ **I plan to go back next month.** (ai plan tu gou bak nekst monz; Planeo regresar el próximo mes.)

Use **come** para referirse al lugar en donde se encuentra en el momento de hablar. Por ejemplo, quizá tenga esta conversación cuando esté en Estados Unidos:

- ✔ **Why did you come to the U.S.?** (Juai did iu com tu da iu es; ¿Por qué viniste a los Estados Unidos?)

- ✔ **I came here for a vacation.** (ai caim *ji*-ar for ei vei-*cai*-chion; Vine de vacaciones.)

Estas dos órdenes comunes le ayudarán a recordar para dónde ir: **Come here!** (com *ji*-ar; ¡Ven aquí!) y **Go away!** (gou a-*uey*; ¡Vete!).

Borrowing y Lending

¿Necesita un **loan** (loun; préstamo)? ¿O su amigo le está pidiendo uno? Si es así, necesita conocer la diferencia entre los verbos **borrow** (*bo*-rou; pedir prestado) y **lend** (lend; prestar). La siguiente escena le ayudará a entender quién recibe el dinero.

Jason tiene $100. Su amigo Sam quiere pedírselos prestados. Sam puede pedir el préstamo con **borrow** o **lend,** dependiendo de la estructura de la pregunta. Pero fíjese que cuando Sam habla, usa **"I borrow"** y **"you lend."** En otras palabras, Sam está **borrowing** (*bo*-rou-ing; pidiendo prestado), y Jason está **lending** (*lend*-ing; prestando/dando el préstamo). Observe lo que dice Sam:

✔ **Hey, Jason, can I borrow $50?** (jei *llei*-son can
ai *bo*-rou *fif*-ti *do*-lars; Oye Jason, ¿me puedes
prestar cincuenta dólares?)

✔ **Hey, Jason, can you lend me $50?** (jei *llei*-son
can iu lend mi *fif*-ti *do*-lars; Oye Jason, ¿me
puedes prestar cincuenta dólares?)

Jason también puede contestar a las preguntas usando
borrow o **lend**. Pero cuando Jason — **the lender** (da
lend-er; el prestamista) — está hablando dice **"you
borrow"** y **"I lend."** Esto es lo que Jason dice:

✔ **Sure, you can borrow $50.** (chur iu can *bo*-rou
fif-ti *do*-lars; ¡Claro que te puedo prestar cincuenta dólares!)

✔ **Sorry, I can't, but I'll lend you $25.** (*so*-ri ai
cant bot ail lend iu *tuen*-ti faiv *do*-lars; Lo siento,
no puedo; pero te presto veinticinco dólares.)

Such y So

Las palabras **such** (soch; tal) y **so** (sou; tan) básica-
mente tienen el mismo significado que la palabra
very (*ve-ri*; muy), pero no las puede usar de la misma
manera que **very** — eso es lo que causa la confusión.
El error más común que la gente comete es usar **so**
cuando quiere decir **such**.

Esta es la regla: Use **such** antes de los sustantivos —
por lo general en combinaciones de adjetivo/sustan-
tivo, y use **so** sólo con adjetivos y adverbios. Muy
sencillo, ¿no? ¡Claro! Los siguientes ejemplos le muestran el uso de **such** y **so**:

✔ **This is such an easy lesson.** (dis is soch an *i*-si-i
les-son; Esta es una lección tan fácil.)

✔ **This is so easy.** (dis is sou *i*-si-i; Esto es tan fácil.)

✔ **You speak such good English.** (iu *spi*-ik soch
gud *ing*-lich; Hablas tan buen inglés.)

✔ **You speak English so well.** (iu *spi*-ik *ing*-lich sou
uel; Hablas inglés tan bien.)

Like y Alike

Las palabras **like** (laik; como) y **alike** (a-*laik*; parecido) tienen significados tan parecidos que lo pueden dejar perplejo, hasta que descubre unas cuantas reglas rápidas. Observe las diferencias entre **like** y **alike** en las siguientes oraciones:

- ✔ **I am like my sister.** (ai am laik mai *sis*-ter; Soy como mi hermana.)

- ✔ **My sister and I are alike.** (mai *sis*-ter and ai ar a-*laik*; Mi hermana y yo nos parecemos.)

Like significa "similar a" o "lo mismo que" y generalmente está entre dos cosas o personas que se comparan (es decir, a **like** la sigue un objeto). **Alike** significa "similar" o "lo mismo" y generalmente se escribe después de las dos cosas o personas que se comparan, con frecuencia al final de la oración. (A la palabra **alike** no la sigue un objeto.)

Para hacer oraciones negativas, añada la palabra **not** (not; no) antes de **like** o **alike**:

- ✔ **Fish are not like zebras.** (fich ar not laik *si*-bras; Los peces no son como las zebras.)

- ✔ **Fish and zebras are not alike.** (fich and *si*-bras ar not a-*laik*; Los peces y las zebras no son iguales.)

Hearing y Listening

Piense en alguna ocasión en la que haya tenido que escuchar un discurso largo y aburrido. Usted **heard** (*ji*-ard; oía) al orador, pero al final no recordaba una sola palabra de lo que había dicho porque no estaba **listening** (*li*-sen-ing; escuchando). **Hearing** (*ji*-ar-ing; escuchar) es para lo que sus oídos están diseñados. Si no tiene problemas de audición, usted escucha las cosas de manera automática. Pero **listening** involucra un esfuerzo consciente para oír o poner atención.

Cuando usted decide "ignorar" a un orador aburrido, sus oídos todavía funcionan pero no está escuchando.

Si alguien está hablando muy bajito o si tiene una mala conexión telefónica, usted dirá **I can't hear you — please speak louder** (ai cant *ji*-ar iu pli-is *spi*-ik *lau*-der; No te puedo oír. Por favor habla más fuerte.). Si alguien le habla pero su atención o sus pensamientos están en otra parte, dirá **I'm sorry — what did you say? I wasn't listening** (aim *so*-ri juat did iu sei ai gua-sent li-se-ning; Perdón, ¿qué dijiste? No estaba escuchando.).

Seeing, Looking At, y Watching

Al igual que **hearing, seeing** (*si*-ing; ver) es una función natural del cuerpo; sus ojos están diseñados para esto. Aunque su **vision** (*vi*-chion; visión) no sea perfecta, puede ver claramente con la ayuda de anteojos o lentes de contacto.

Cuando alguien dice **Look at that!** (luk at dat; ¡Mira eso!), quiere que dirija sus ojos (y su atención) hacia algo. **Look at** (luk at; mira) significa ver rápidamente algo o enfocar algo que está fijo. Se puede **look at** una revista, la pantalla de una computadora, o a alguien sentado frente a usted en la mesa.

Looking (*luk*-ing; mirar) se convierte en **watching** (*uat*-ching; observar) cuando observa con atención algo que puede moverse o cambiar por sí solo. Se puede **watch** (uatch; ver) una película, un juego de pelota, o a niños jugando. No se puede **watch** una revista (a menos que esté esperando que ésta se levante y se vaya). Pero sí puede **watch** los precios de las acciones, porque ¡están en constante movimiento!

Feeling y Touching

Al igual que oír y ver, **feeling** (*fi*-li-ing; sentir) es una función natural del cuerpo. **Touching** (*toch*-ing; tocar), en cambio, es lo que elige hacer cuando quiere **to feel** (*fi*-il; sentir) algo. Si **touch** (toch; toca) una llama, ¡se siente caliente! Si **touch** hielo, se siente frío. Tocar es un acto voluntario, a menos que por accidente **touch** algo como una plancha caliente. Los padres de familia que van de compras con sus hijos les pueden decir **Don't touch anything** (dount toch *e*-ni-zing; No toquen nada). Pero no puede decir **Don't feel anything** (dount *fi*-il *e*-ni-zing; No sientan nada), porque sentir es un acto involuntario. Sólo una persona que ha perdido el sentido del tacto en alguna parte del cuerpo puede tocar, o ser tocado, y no sentir nada.

Lying y Laying

Discernir cuando usar **lie, lying** (lai; recostarse) o **lay, laying,** poner que puede hacer que quiera **lie down** (lai daun; recostarse) y llorar. ¡Pero no **lay an egg** (lei an eg; ponga un huevo). Lo puedo ayudar a diferenciar entre **lying** y **laying,** ¡y eso no es **lie** (lai). Mentir, lo cual es otro verbo cuyas tres partes son **lie, lying,** y **lied**!

El verbo **lie (lying, lay, lain)** significa:

✔ Estar o tomar una posición reclinada como en **Lie down and go to sleep.** (lai daun and gou tu *sli*-ip; Recuéstate y duérmete.)

El verbo **lay (laid, laying, laid)** significa:

✔ Colocar un objeto en una superficie. Ejemplo: **Lay the book on the table.** (lei da buk on da *tei*-bul; Pon el libro sobre la mesa.)

✔ Producir y depositar un huevo. Ejemplo: **Chickens lay eggs.** (*chi*-kens lei egs; Las gallinas ponen huevos.)

Muchos angloparlantes se equivocan entre estos dos verbos, así que no se preocupe demasiado.

Tuesday y Thursday

Tuesday (*tus*-dei; martes) o **Thursday** (*zurs*-dei; jueves), ¿cuál es cuál? Puede parecerle que estas palabras suenan igual y se pronuncian igual, pero en realidad, tienen pronunciaciones muy diferentes y, por supuesto, significados distintos.

Si **Monday** (*mon*-dei; lunes) es el primer día de la semana laboral, el segundo día, o **day two** (dei tu; día dos) es **Tuesday**. Pronuncie **Tuesday** como el número **two** (tu; dos), y luego añada **zz-day** (ss-dei). Diga **two-z-day** (*tu*-s dei). Asegúrese de que la **s** (es) en **Tuesday** suene como **z** sonido enunciado. Consulte el Capítulo 1 para mayor información y práctica en los sonidos enunciados o sonoros.

Thursday comienza con un sonido de **th** (z), no con un sonido de **t** (te), como **Tuesday**. (Consulte el Capítulo 1 para saber cómo hacer un sonido claro de **th**.) Si puede decir **thirty** (*zur*-ti; treinta) o **thirteen** (zur-*ti*-in; trece), entonces puede decir **Thursday**. No olvide la parte de **zz-day** (ss-dei), como la terminación de **Tuesday.** Asegúrese de decir y pronunciar la **s** como **z.** De lo contrario, dirá la palabra **thirsty** (*zurs*-ti; sediento), ¡y le darán un vaso de **water** (uater; agua)!

Too y Very

Algunas personas dicen **You can never have too much time or too much money** (iu can *ne*-ver jav *tu*-u moch taim or *tu*-u moch *mo*-ni; Nunca se tiene ni demasiado tiempo, ni demasiado dinero). Eso puede ser cierto, pero la palabra **too** (*tu*-u; demasiado) implica, por lo general, un exceso no deseado o un problema. Por ejemplo, quizá se sienta incómodo si come **too much** (*tu*-u moch; demasiado). Y las personas se quejan cuando el clima está **too hot** (*tu*-u jot; demasiado caliente) o **too cold** (*tu*-u cold; demasiado frío).

Por otro lado, la palabra **very** (*ve*-ri; muy), que significa extremadamente o **really** (*ri*-i-li; realmente), no da la idea inmediata de un problema. Por ejemplo, decir **It's very hot today** (its *ve*-ri jot tu-*dei*; Hace mucho calor hoy), no significa necesariamente que usted está incómodo; quizá le gusta el calor.

Si está **very happy** (*ve*-ri *ja*-pi; muy contento) pero se equivoca y dice **I'm too happy** (aim *tu*-u *ja*-pi; Estoy demasiado contento), le preguntarán "¿Qué hay de malo con estar contento?" Recuerde que la palabra **too** implica una situación no deseada o desagradable. Compare **too** y **very** en las siguientes oraciones:

- ✔ **This car is too expensive; I can't afford it.** (dis car is *tu*-u eks-*pen*-siv ai cant *a*-ford it; Este coche es demasiado caro; no me alcanza para comprarlo.)
- ✔ **This car is very expensive, but I can buy it.** (dis car is *ve*-ri eks-*pen*-siv bot ai can bai it; Este coche es muy caro, pero lo puedo comprar.)

Indice

• •